LA MAGIA TRANSFORMADORA DE LA CONVERSACIÓN

LEO FARACHE

LA MAGIA TRANSFORMADORA DE LA CONVERSACIÓN

ACTIVA EL PODER (Y EL PLACER) DE UNA BUENA CONVERSACIÓN

ALMUZARA

Primera edición: junio de 2025

Editorial Almuzara • Desarrollo Personal
Editora: Ángeles López
Corrección: Nemo Edición y Comunicación S.L.
Maquetación: Joaquín Treviño

www.editorialalmuzara.com
pedidos@almuzaralibros.com - info@almuzaralibros.com

Editorial Almuzara
Parque Logístico de Córdoba. Ctra. Palma del Río, km 4
C/8, Nave L2, nº 3. 14005 - Córdoba

Imprime: Black Print
ISBN: 978-84-10528-29-1
Depósito legal: CO-1079-2025
Hecho e impreso en España - *Made and printed in Spain*

Mientras escribía, pensaba en ti.
Conversa mucho conmigo, por favor.

Gracias, papá, me ha venido muy bien conversar contigo.
Gracias a ti, hijo, por poder darme la oportunidad.

En el colegio nunca tuvimos una clase sobre
«cómo tratar contigo mismo y con los demás».

Friedemann Schulz Von Thun

Si cambia la conversación, lo más probable
es que cambie todo lo demás.

Jackson y Waldman

Este libro va de algo que todos hacemos: conversar.

Conversar no es algo sobre lo que habitualmente reflexionemos, a pesar de ser **el aspecto que mejor define la esencia del ser humano**.

Nota aclaratoria del autor:

No por haber escrito un libro sobre jefes (soy autor de *Los diez pecados capitales del jefe*) se me debe atribuir (ni me considero) ser un buen jefe. Lo mismo ocurre con los otros libros que he escrito (sobre adolescentes y comunicación). No por ser el autor de este libro debe atribuírseme la condición de buen conversador. Solo la de un atento observador que escribe sobre conversaciones. Ante un hipotético encuentro, no quiero frustrar tus expectativas.

(Satisfacción = Percepción - Expectativas)

ÍNDICE

— 1 —

A MODO DE INTRODUCCIÓN

Nadie podrá obtener un nivel deseable de bienestar (llámalo felicidad, serenidad, sentirse a gusto…, como quieras) sin conversar bien con uno mismo y con los demás.

Te pido y te propongo que lo pienses bien durante un rato, todo el tiempo que necesites.

Nos vemos en la siguiente página.

Es curioso, pero no he leído en ningún libro que esto fuera así (que para vivir y sentirme bien necesito ser un buen conversador). Ni mis padres ni mis profesores me advirtieron y, mucho menos, me formaron sobre esa habilidad, la de dialogar, que tuve, tengo y tendré que utilizar para bien o para mal. Nuestra vida depende, en buena medida, de algo que hacemos todos los días y nadie fue capaz de sugerirnos, ni siquiera de insinuarnos: que le prestáramos un cariño y atención especial a la conversación.

Como consecuencia de ello, tuvimos en nuestra vida conflictos que nos lo hicieron pasar mal, muy mal. Amistades que se quebraron, rupturas matrimoniales, luchas incesantes por encontrar la serenidad, desencuentros laborales y un largo etcétera de malos momentos que pudieron haberse amortiguado e incluso haber desaparecido si en algún momento los contendientes hubiéramos dicho: «vamos a arreglarlo con una conversación (o con varias)».

En nuestro pensamiento somos capaces de retorcer hechos, inventarnos y avivar temores de forma infundada. Nadie tomó la decisión de enseñarnos desde muy pequeños cómo aprender a controlar nuestra mente conversando con ella de forma pacífica e inteligente.

La conversación nos afecta individualmente, pero es mucho más…

Ninguna sociedad o comunidad podrá sentirse colectivamente bien y satisfecha si sus integrantes no son capaces de conversar de forma fructífera. Lo que entre ellos conversen es lo que configura la capacidad colectiva para crear y ejecutar ideas o proyectos, para conformar un determinado estado de ánimo, para que sus miembros se sientan o no como una tesela bien encajada dentro de un mosaico[1].

1 La metáfora la tomo prestada de Antonio Gala en conversación con Jesús Quintero, El Loco de la Colina.

Tomemos la iniciativa de hacer un buen uso del poder de la buena conversación obteniendo placer de ello.

No será fácil, pero sí sencillo[2].

2 Sencillo (RAE): 2. 4. Que carece de ostentación y adornos.

— 2 —

APROVECHAR EL PODER Y EL PLACER DE LA CONVERSACIÓN

En 2023 mi mujer y yo fuimos de vacaciones a Dartmouth, un pueblo del sur de Inglaterra, de unos 6000 habitantes. La casa que alquilamos estaba en el centro del pueblo, un adosado estrecho de cuatro alturas. Creo que fue el segundo día cuando estaba esperando a que mi mujer, Virginia, saliera para irnos de excursión cuando coincidí con nuestra vecina, que estaba saliendo de su casa. Se trataba de una mujer delgada, octogenaria, que llevaba puesta una sonrisa muy agradable. Se llamaba Jude. «Como la canción de los Beatles», le dije, y ella replicó «todo el mundo me dice lo mismo» y entonó parte del estribillo... «*Hey, Jude, don't make it bad...*». Durante nuestra estancia conversamos con ella cada vez que nos encontramos, que fue en cuatro o cinco ocasiones. En esos encuentros tuvimos la oportunidad de reírnos, de aprender sobre algunas costumbres interesantes, de escuchar sus recomendaciones sobre qué hacer en la zona; supimos sobre su vida y ella sobre la nuestra. Jude, a pesar de ser muy mayor, trabajaba como voluntaria del centro de visitantes y como limpiadora ocasional de una casa que le gustaba mucho y que estaba en la otra orilla del río Dart. Un día nos dijo:

—¡Qué agradable es hablar con vosotros!

—Nosotros pensamos lo mismo de ti, eres encantadora —le dije a su vez.

—Hay personas que alquilan la casa donde ahora estáis que ni siquiera me saludan cuando me ven, no nos decimos ni hola durante su estancia, que a veces es de varias semanas. ¿Por qué ocurrirá eso? —lanzó la pregunta al aire, supongo que retóricamente.

—Es una enfermedad de nuestros días, ¿no crees? —afirmé y pregunté. Jude se encogió de hombros y musitó un «supongo; eso debe ser» (*I guess that must be the reason*).

Un año antes habíamos alquilado una casa en la Busta, un pueblo de Cantabria de noventa y dos habitantes según Wikipedia. El primer día ya estábamos en contacto con Benjamín, nuestro vecino. Benjamín es propietario de unas sesenta vacas y de una explotación láctea que produce leche de gran calidad. Benjamín y su mujer son dos personas amables con las que departimos, nos invitaron a ver cómo ordeñaban las vacas con todas las precauciones sanitarias, nos regalaron botellas de la mejor leche que jamás hayamos probado, nos ayudaron a conocer paseos de los alrededores. Nos intercambiamos nuestros números de teléfono con la promesa de llamarnos si alguno de los dos nos acercábamos por la zona del otro. En una de esas, Benjamín compartió con nosotros:

—Es un gusto teneros como vecinos.

—La suerte es nuestra —le dijo nuestro hijo Alfonso—. Es un lujo teneros cerca, sois muy amables.

—Hay muchas personas que alquilan la casa durante tres semanas y hemos sabido que estaban por el ruido de sus coches, porque los vemos entrar y salir, pero no nos han dicho ni hola.

Las personas nos cruzamos en la vida de otras personas. Todas esas personas tenemos la habilidad potencial de comunicarnos, de descubrirnos, de aprender unos de otros, de sentirnos humanos. Porque conversar es lo que nos reivindica como especie, es un enorme privilegio que ostentamos. Conversar es una de las mejores, sino la mejor, cosas que podemos hacer en la vida. Thoureau escribió que «las mejores cosas de la vida son gratis y libres».

Conversar es gratis y te permite sentir libre. Pero a pesar de ello más de la mitad de las personas que se montan en un taxi no hablan con el taxista, solo una de cada quince personas hablaría con un desconocido en una sala de espera y uno de cada cuatro consideraría hablar con un extraño en un tren.

Según mi hija Blanca, endocrinóloga de veintiséis años, «lo que tú haces, eso de conversar con la gente que no conoces, no es normal».

> «Cuando dices que no es normal, ¿a qué te refieres?», y añado más preguntas con mucha curiosidad: «¿es un normal estadístico (la mayoría de la gente no lo hace)?, ¿o es un normal que expresa que eso de hablar con la gente no es un comportamiento normal para el ser humano?». No le doy tiempo a contestar, me dispongo a aclarar mi opinión sin solución de continuidad: «Si te refieres a que la mayoría de las personas no aprovechan para hablar con la gente y por tanto es lo normal, estoy de acuerdo con tu afirmación. Es fácil encontrar ejemplos de esa incomunicación voluntaria: hay quienes, y creo que son mayoría, tienen al lado vecinos con quienes conviven décadas y ni siquiera saben su nombre. Ahora bien, si consideras que conversar con desconocidos es un comportamiento anormal por inapropiado es como decir que los seres humanos no hacemos uso de nuestra capacidad distintiva de mantener conversaciones sofisticadas. En ese caso, no estoy de acuerdo. Por muy habitual que sea ese comportamiento no lo veo normal, me parece un atraso y me lamento por ello».

Ahora bien, no solo se trata de conversar, se trata de hacerlo bien. Nuestras conversaciones tienen el poder de conocer, de separar, de construir y de derribar. Un día decepcioné a un amigo de toda la vida. Le hablé muy mal —él lo considera así y su percepción, como receptor de mis palabras, es la que vale—. Este amigo tiene la sensación de que llevamos tiempo disputando en nuestras conversaciones y a su juicio eso nos aleja. En cambio, yo no tengo esa sensación. Discrepamos en un montón de cosas, tenemos diferentes ideologías, forma de ver la vida, él cree en Dios y yo no, lo que a él puede parecerle bien, a mí me parece mal y viceversa. Tenemos diferente forma de exponer nuestros argumentos, pero todo ello no supone, bajo mi punto de vista, ningún problema para mantener y hacer florecer una amistad. Mi amigo decidió que nos mantuviéramos un tiempo sin vernos. Para decirme que «debemos mantenernos alejados, el tiempo dirá» utilizó un mensaje por *WhatsApp*. Es decir, ponía en cuarentena más de cincuenta años de amistad sin una conversación, sin la posibilidad de intercambiar palabras, de preguntarnos mutuamente qué nos estaba pasando. Como he dedicado mucho tiempo a leer sobre temas relacionados con la conversación, le «hablé» (por *WhatsApp*, no me quedaba más remedio) de una técnica que proponen los expertos en psicología comunicativa: la metaconversación (hablamos de ello en la página 177). Él decidió hacer caso omiso a esa posibilidad. Nos encontramos por la calle y pude entender que mi forma de exponer mis ideas le estaba lastimando; me dijo que le contradecía en todo, que, según él, yo tenía la intención deliberada de contradecirle y molestarle. Le dije que ni observaba que tuviéramos una relación llena de enfrentamientos, ni en mi voluntad estaba lo que él percibía. «¿Qué te parece si hablamos?», le pregunté. «Para mí el *WhatsApp* es más cómodo», me dijo, sin darnos la oportunidad de rehacer lo que ahora parecía roto. A este episodio le viene como anillo al dedo la frase escrita por Luis Landero en *Una historia ridícula*: «En el amor y la amistad pasa como en las grandes arquitecturas. De pronto aparece una grieta y ya toda la obra está en peligro de colapso». La vida nos depara muchas sorpresas. La vida es una novela a la que merece prestarle mucha atención.

El ya mencionado Thoureau vivió dos años y dos días en una cabaña tratando de descubrir cómo se vive deliberadamente (lo contrario a vivir por defecto). En su pequeña cabaña tenía tres sillas: una la usaba para la soledad, dos para la amistad y las tres eran para la sociedad.

UNA SILLA PARA LA SOLEDAD

Un experimento propuso a sus participantes quedarse en una habitación solos con la intención de que pudieran disfrutar de la soledad. La mayoría de las personas solicitó salir de la habitación antes de los seis minutos de duración. Les daba miedo enfrentarse a sí mismos, sin nada que les conectara con el exterior. Conversar mejor con nosotros mismos nos permite imaginar, recordar, reflexionar para ayudarnos a discernir, resolver, innovar, crear... (hablamos de las voces interiores en el capítulo 14). Parece que desaprovechamos la silla de Thoureau para nuestra soledad.

DOS SILLAS PARA LA AMISTAD

Mi mujer y yo nos encontramos con una amiga enferma de cáncer que lleva ya muchos ciclos de quimioterapia. Estaba con sus hermanas. Nos paramos a conversar, a interesarnos por su estado de salud, le preguntamos las cosas que cualquier ser humano interesado por otro ser humano que lo está pasando mal preguntaría. Ante las contestaciones de nuestra amiga, sus hermanas se sorprendían, «no sabía que te había pasado eso, no cuentas nada», le decían. «Sí que cuento», replicaba ella. Le faltó decir «pero no me escucháis» o «preguntáis poco».

Unos días antes de ese encuentro tuve la oportunidad de conversar con la hija de un amigo. Estaba feliz por sus resultados en la Universidad, había logrado terminar la carrera. El día anterior a nuestra conversación, un profesor le había comunicado que daba por bueno el trabajo final de su asignatura con una nota de 7,3. Terminar la carrera es un gran momento para ser compartido. Una horas más tarde acudimos a la casa de mi amigo y espontáneamente levanté la copa para celebrar los buenos resultados de Leticia, el nombre de la hija. «¡Por los buenos resultados de Leticia, que ha logrado terminar la carrera!», dije en alto con gran alegría. Los padres se miraron el uno al otro y después a su hija. Me di cuenta inmediatamente de que «la gran noticia» era desconocida para los padres. «¿Ya tienes todos los resultados?», preguntó la madre, que parecía algo molesta por su desconocimiento. Sí, ayer me dieron el último resultado, dijo Leticia. La madre necesitaba demostrar que estaba al tanto de los estudios de su hija y se aventuró a decir «era el trabajo de Derecho Penal». «No, mamá, ese me lo dieron hace un mes y medio, este era de Administrativo». «Es verdad, que me hago un lío», la madre salió como pudo del embrollo en el que involuntariamente mi celebración le había metido. «No saben nada de mis estudios», me susurró Leticia mientras se encogía de hombros.

La patética ausencia de conversación no es una exclusiva del ámbito familiar, es sorprendentemente común en el ámbito laboral. Francisco y Cristina se conocen desde hace más de doce años, el tiempo que han coincidido en una importante empresa de medios de comunicación. Llegué a una reunión para que Cristina me presentara a Francisco, porque teníamos la posibilidad de hacer un proyecto conjunto. En la presentación fuimos un poco más allá del ¿cómo estás?, ¡qué calor/frío hace! Le pregunté si tenía familia. Los hijos son un punto de conexión emocional (hablamos de los temas de conversación en el capítulo 11). Que nos pregunten por nuestros hijos nos hace recordar, normalmente, lo más apreciado que tenemos y nos enternece, aunque sea para protestar de la última «jugada» que nos ha hecho alguno de nuestros adolescentes. «Tengo seis hijos y todos con la misma mujer», dijo Francisco con sorna y un sano orgullo. «¡Seis!», contesté, «¡muchas felicidades, qué gran familia!». Antes de que nos diera tiempo a continuar, Cristina miró a Fran —con quien se había visto en decenas de ocasiones— y dijo «¿tienes seis hijos? No lo sabía, nunca me lo habías dicho». «¡Ah!», exclamó, «¿no lo sabías?». Francisco nunca lo había contado. Y, sobre todo, Cristina nunca había preguntado.

Tener hijos es un acontecimiento relevante en la vida de las personas, y más aún si son seis. Si un día uno de sus hijos no se encuentra bien u otro ha terminado la carrera, Francisco será otra persona, condicionado por esa circunstancia. No saber que tu compañero tiene seis hijos o que su madre está gravemente enferma es una demostración de que algo nos ocurre, de que algo no funciona bien en las relaciones con otras personas, de que tenemos un camino largo de humanidad por recorrer. Podemos y debemos solucionarlo.

Esa ausencia de conversación en el ámbito laboral nos deshumaniza y también es improductiva e ineficaz. El día en que escribo estas líneas he ido a la sede central de un laboratorio de medicina donde se extrae y analizan muestras de sangre, exudados u otras pruebas. Mientras esperaba a ser atendido pude ver a través del cristal un espacio amplio con máquinas aparentemente muy sofisticadas encargadas de analizar las muestras que llegaban de las delegaciones de este laboratorio. Mi curiosidad se disparó y le pregunté a la persona que se encargaba de procesar mis datos antes de pasarme con la enfermera: «¿aquí es dónde llegan los tubos con la sangre que recogen en otros centros de recogida?». «Así es», me confirmó. Proseguí: «es alucinante, ¿cómo funciona el sistema?». «Uy», replicó ella, «no tengo ni idea, soy secretaria y no sé nada de eso». Segundos después llegaba la enfermera que se iba a encargar de realizarme la prueba. Volví al ataque: «¿sabe usted cómo funciona el sistema desde que la sangre es recogida hasta que es analizada?» «No, no eso es tarea de otros compañeros, nosotras, las enfermeras no sabemos de eso».

La ausencia de comunicación y conversación es una de las causas de la desmotivación y de la sensación de formar parte de un engranaje sin sentido en el entorno laboral. Una gran cantidad de trabajadores saben poco, casi nada, del lugar en el que trabajan por esa falta comunicativa.

Sin conversación no existe confianza y sin confianza no puede haber amor. En la película *Buena suerte, Leo Grande* —dirigida por Sophie Hyde en 2022—, el papel protagonista encarnado por Emma Thompson le dice al gigoló que ha contratado que «con mi marido (ya fallecido) nunca tuve sexo oral. Aunque siempre me había apetecido, pero nunca fui capaz de tener una conversación sobre eso. Mi marido imponía su parecer» exponiendo su versión sobre los hechos. Suponemos que si el marido pudiera intervenir diría: «No tuvimos sexo oral por su culpa. Ella era la que no quería hablar, ya me hubiera gustado mantener sexo oral, pero se notaba que no quería, era una mujer muy tradicional, una mojigata. Ahora que me he muerto, se queja y contrata un gigoló. ¡Vaya zorra!».

Con quien más conversamos es con nosotros mismos, cuando pensamos estamos dialogando interiormente y no nos hace falta nadie más. La conversación social, en cambio, requiere de dos o más personas y esta se frustra en el momento en el que alguien desiste. Laura ambicionaba arreglar su matrimonio a pesar de las continuas desavenencias y broncas que tenía con Roberto, su marido. Laura propuso que fueran a visitar a un psicólogo especializado en conflictos matrimoniales. A juicio de Laura, los psicólogos de pareja han salvado matrimonios y también, en algunos casos, ayudan en su ruptura. Laura argumenta que «consiguen hacer las preguntas pertinentes, ayudan a los miembros de la pareja a reflexionar con el objetivo de decidir si vale la pena intentarlo de nuevo o es mejor tirar la toalla cuando los signos de odio e incomprensión vencen con claridad al amor». Roberto se negó ir al terapeuta y ofreció su diagnóstico: «no es un problema de dos, el problema es tuyo, tienes que aprender a convivir conmigo». Con la ayuda de su familia, Laura tomó la decisión de romper aquello que le hubiera gustado reconstruir. No fue posible, su exmarido le negó la conversación.

Valgan estos ejemplos de familia, del entorno laboral y de las relaciones conyugales para preguntarnos si utilizamos adecuadamente la segunda silla de Thoureau, pensada para la amistad.

TRES SILLAS PARA LA SOCIEDAD

El documental *La teoría sueca del amor*[3] nos habla del número creciente de mujeres suecas que son madres solteras sin haber tenido relación alguna con el padre biológico. Optan por seleccionar digitalmente el esperma de un hombre tomando en consideración una serie de parámetros que la empresa-banco de esperma les ofrece. Una vez seleccionado el padre biológico, el esperma llega a la casa de la mujer en un recipiente que guarda el líquido viscoso en las condiciones ideales junto con unas instrucciones que van a permitir que la mujer se insemine y conciba con éxito la mayoría de las ocasiones. Esas mujeres suecas ganan suficiente dinero para permitirse tener un hijo con un solo sueldo y, además, sus empresas facilitan la conciliación familiar y laboral. Hay quien leyendo estas líneas pueda pensar que está leyendo un relato distópico, pero no, es la realidad. Esas mujeres no quieren conversar con un hombre o una mujer para establecer un proyecto común de familia. Quieren la autonomía que les proporciona la soledad, no tener que «soportar» las opiniones, gustos, olores, manías de otra persona.

---

3 La ficha del documental puedes verla aquí: https://www.filmaffinity.com/es/film798697.html

Ese mismo documental nos presenta a otro colectivo que también crece en ese país escandinavo y en todas las sociedades ricas: las personas que mueren solas y que no son reclamadas por nadie después de su muerte. En Suecia hay un departamento de la Administración pública especializado en ese tipo de casos que nos alertan de un progresivo y trágico individualismo. El uso creciente de las pantallas también fomenta este preocupante fenómeno social. Podemos acabar teniendo tres horas y veinticinco minutos al día para «socializar» en redes sociales y otras dos horas para ver series y, en cambio, olvidarnos de un familiar o de un amigo que está en la residencia necesitado de conversación.

No darle una oportunidad a la conversación es faltarnos al respeto a nosotros mismos, es tirar por la borda nuestra capacidad de intervenir positivamente en las personas que nos rodean, de realizar nuestra contribución a que la sociedad sea mejor.

Podríamos concluir, por tanto, que quizás estemos encaminándonos a una sociedad de personas que nos damos voluntariamente la espalda, limitando nuestra capacidad para interactuar y enriquecernos de, con y para los otros. Para evitarlo y así poder reivindicar la habilidad que distingue a nuestra especie tenemos una seria y sencilla responsabilidad: conversar. Hablamos de ello en el capítulo 7, en defensa de la conversación.

> La crisis más importante de nuestras sociedades es la crisis de la conversación y es un proceso que nos ha vuelto escépticos del todo (Mariano Sigman).

Crear, producir y protagonizar buenas conversaciones es una responsabilidad individual que aportar al proyecto colectivo de sociedad. No es aventurado afirmar que estemos dando un uso deficiente a la tercera silla de Thoureau reservada para la sociedad.

Con lo expuesto hasta ahora, podemos concluir que mantener buenas conversaciones es una decisión inteligente a título individual que tiene sus consecuencias colectivas. La ciencia se ha encargado de demostrar que el vínculo (entre seres humanos) es, probablemente, uno de los factores más importantes, sino el más importante, para ser feliz, para cuidarse y para cuidar a otras personas[4].

Según el psicólogo Jonathan Haidt, los seres humanos somos 90 % chimpancés —por tanto, nuestro pensamiento y acción es mayoritariamente individualista, egoísta— y un 10 % abejas colaborativas. Este y otros investigadores demuestran que, a pesar de que seamos predominantemente chimpancés individualistas, somos originariamente una especie *eusocial*: capaces de sacrificar nuestros intereses por el bien de los demás. Haidt opina que los grupos humanos que se convierten en colmenas —por tanto, grupos de personas que tienden a ser más abejas que chimpancés— son capaces de ser más exitosos y generar más felicidad entre aquellos que lo componen. «Inicialmente pensé que la felicidad provenía de dentro de nosotros mismos, tal como dicen Buda y los estoicos. Según ellos nunca vamos a convertir al mundo conforme a nuestros deseos, así que será mejor que seamos nosotros y nuestros deseos los que cambiemos. Una vez que hube terminado las investigaciones cambié mi perspectiva: la felicidad viene de las relaciones (*Happiness comes from between*). Se trata de conseguir construir buenas relaciones: con los demás, con nuestro trabajo, con uno mismo y lo que excede a uno mismo», escribe en el libro *La mente de los justos* (*Righteous minds*).

La buena conversación es la herramienta que provoca que los diferentes ámbitos donde participamos sean colmenas, esos espacios colaborativos de los que habla Haidt. La calidad conversativa va a ser determinante para lograr que quienes participen se sientan miembros (que es muy diferente que seguidores) de un proyecto que hará más fuertes y felices a quienes lo integren. A los humanos nos hace falta hablarnos para conseguir sentirnos tan unidos en un propósito colectivo como el que tienen las abejas.

A colación del pensamiento de Haidt, propongo que pensemos en cada uno de los espacios donde desarrollamos nuestras vidas.

---

4 Frase de Mario Alonso Puig durante Faro Educa en Vigo 2021.

EMPECEMOS POR NUESTRO ÁMBITO PRIVADO

Una familia que es capaz de conversar bien tendrá la capacidad de generar una red de seguridad emocional que aportará un sentimiento de proyecto compartido del que uno se siente miembro. La sensación de saber que ese vínculo tan poderoso que es la familia está activo se propicia a través de la conversación. Los problemas, las dudas, los éxitos, los fracasos, las alegrías, las reflexiones y los pensamientos se afrontan, celebran y comparten de forma diferente cuando esa familia ha sido capaz de crear, a través de la conversación, un espíritu de colmena. Quizás venga bien preguntarnos, ¿en qué medida es nuestra familia una colmena? Valóralo del 1 al 10.

VIAJEMOS AHORA CON LA IMAGINACIÓN A UN CENTRO EDUCATIVO

El mejor colegio del mundo[5] será aquel que cumpla con la condición de que la comunidad educativa —profesores, familias y alumnos— formen una colmena. Pero la realidad es que cuando preguntamos a los profesores cuál es su principal problema, muchos de ellos contestan «los padres». Es curioso que dos colectivos con un objetivo común tan evidente —el desarrollo, el bienestar y la educación de los hijos/alumnos— muchas veces no sean capaces de establecer una conversación productiva, sensata y sosegada. ¿En qué medida el centro educativo donde llevamos a nuestros hijos o donde ejercemos de profesores es una colmena? ¿Cómo contribuimos a ello? Valóralo de 1 al 10.

---

5 El mejor colegio del mundo es un experimento social realizado por «Educar es todo» y que se concreta en una película-documental cuya pieza de presentación es muy elocuente https://www.youtube.com/watch?v=re_7RzUPKao . Más información en www.equipoeducativo.com

NOS DESPLAZAMOS A UN CENTRO DE TRABAJO

Aquí observamos un fenómeno que sería inviable en la biología de las abejas: es muy común ver colmenas (departamentos) enfrentados entre sí liderados por reinas muy egocéntricas (los directores de los departamentos). Es tan motivador y gratificante como infrecuente trabajar en un lugar donde exista ese espíritu de colmena que nos hace a cada uno más fuerte, al tiempo que consigue que la organización también lo sea. La conversación generosa, productiva e inteligente vuelve a ser la herramienta insustituible mediante la cual el conjunto de la empresa se convierte en ese lugar tan plácido para laborar como es la colmena. En cambio, es desmotivador, triste y frecuente convertir el lugar de trabajo en una suma de problemas y aspiraciones individuales repleta de conversaciones tóxicas, estériles. Supongo que todos hemos participado —y quizás protagonizado— ese tipo de conversaciones que desaniman y nos alejan del tan deseable ambiente de colmena humana. ¿En qué medida refleja un espíritu de colmena nuestro lugar de trabajo? ¿Cómo participamos para crear ese ambiente? Valóralo de 1 al 10.

POR ÚLTIMO, VALOREMOS NUESTRA APORTACIÓN A LA HUMANIDAD

Sugiero que, cada uno de nosotros, nos auto observemos, tratando de visualizarnos desde una posición elevada para valorar esa aportación. No en vano nuestra familia, nuestra escuela o nuestro trabajo no dejan de ser otras pequeñas colmenas integradas en otra muy grande a la que pertenecemos todos. Quizás pueda parecer un pensamiento naif, pueril, idílico o imposible, pero, ¿podemos soñar con un mundo lleno de personas que cooperan entre sí, que defienden un interés colectivo por encima del individual? De nuevo, la forma más cotidiana y tangible de expresar esa espiritualidad es la conversación. Quizás nos podamos poner de acuerdo en que existe esa posibilidad: la de que cada uno de nosotros evolucione del modo individualista al modo colmena, de ser menos chimpancés y más abejas, siguiendo el argot de Haidt. En nuestras oficinas, en los colegios, en casa, en cualquier oportunidad, hagamos que nuestras conversaciones estén impregnadas de una mirada hacia el otro que hará que seamos, sin duda, más felices, menos egoístas y más amorosos. Coprotagonistas de un mundo mejor.

Ese espíritu de colmena tiene, además, consecuencias muy positivas en nuestra felicidad y longevidad. A propósito de estas dos deseables circunstancias para la vida de las personas, Héctor García y Francesc Miralles viajaron a Ogimi, un pueblo localizado en la prefectura japonesa de Okinawa. Este pequeño pueblo de algo más de 3300 habitantes tiene el honor de ostentar el título del pueblo más longevo del mundo. Los dos autores españoles recogieron su experiencia en el libro *Ikigai.* Una de las conclusiones es que la vida en comunidad (en colmena) es un factor determinante para lograr semejante longevidad. Los habitantes de Ogimi, además de tener un espíritu solidario, celebran muchas cosas juntos, y se han organizado en diecisiete vecindarios/colmenas con «un presidente y diferentes personas encargadas de la cultura, festivales, actividades sociales y longevidad».

Apelo a ti, lector, como lo hago conmigo mismo, para asumir nuestra responsabilidad de conversadores. A través del intercambio de ideas y pensamientos generamos un estado, un clima en todos aquellos «escenarios donde actuamos». En el ámbito familiar, laboral, con cualquiera de nuestras relaciones e interacciones, sean estas con personas conocidas o no, podemos aportar algo positivo a través de nuestras conversaciones, que son la forma más tangible y explícita de mostrarnos al mundo.

Cualquiera de nosotros puede comprobar por sí mismo la validez de lo argumentado. Es indiferente si somos madres, padres o hijos, jefes o empleados, clientes o proveedores, paseantes o conductores. Desde el rol que nos desempeñemos podemos evidenciar que las conversaciones en las que participamos condicionan el éxito-bienestar o fracaso-malestar del proyecto que se acomete.

A lo largo de este libro se argumenta que el buen conversador es sobre todo un ser especializado en entender al otro, en aprender del otro y también en ayudar al otro. Hablamos de ello en el capítulo 15, «El encuentro».

> El poder más grande de tu vida es poder ayudar y el beneficio más grande que tiene el hombre es poder vivir en paz (Alejandro Jodorowsky).

Escribí antes que conversar más es un gran avance, pero es también importante hacerlo bien. Ampliar el número de personas con las que intercambiemos opiniones, pareceres, ideas y hacerlo sin poner líneas rojas, logrando que ese intercambio se produzca con una escucha sin prejuicios, con una mente preparada para cambiar de opinión ante nuevas propuestas y puntos de vista que nos parezcan más sensatos. Cambiar de opinión no debe ser un estigma sino todo lo contrario, una virtud de la que sentirnos satisfechos. Abordamos este aspecto importante de la conversación en el capítulo 9 «Tener razón o razonar».

Orígenes de Alejandría, teólogo, asceta, académico y filósofo cristiano del siglo III, pedía a sus estudiantes que estudiaran todos los escritos de los antiguos filósofos aconsejándoles que «no tuvieran prejuicios en favor de ninguna doctrina filosófica, fueran griegos o bárbaros, sino que los escucharan a todos». Una recomendación de hace 1700 años que está muy vigente, muy recomendable de aplicar a nuestras buenas conversaciones.

Juanjo me reprocha que cambie de opinión y yo le digo que «no tengo ningún motivo que me invite a no cambiar de opinión y lo haré cada vez que obtenga mejores argumentos que los que tenía previamente». A modo de ejemplo, hace unos años me parecía correcto que un directivo de un banco fuera indemnizado con una cantidad multimillonaria. Hoy, en cambio, me parece insultante para los accionistas y clientes, creo que es una mala práctica. Pensé que un líder político sería muy positivo para nuestro país y meses después sus actos me hicieron cambiar de opinión. He votado a siete partidos políticos diferentes, en las diferentes elecciones generales. Unas veces por convicción en las ideas o en las personas y otras veces lo hice por descarte. «No se debe cambiar de opinión así, uno debe tener convicciones más sólidas», dice mi amigo, y lo hace con buena intención. En cambio, Miguel, otro amigo, valora positivamente que cambie de opinión. «Es lo que más me gusta de ti, que sepas cambiar de opinión. Es tan poco frecuente», me comenta al terminar un almuerzo.

Está en nuestra mano conversar más y mejor. Los beneficios personales y colectivos son grandes, en algunos casos sorprendentes. Muchas personas hemos logrado restablecernos de periodos de desasosiego e incertidumbre gracias a conversaciones con otras personas o con la ayuda de conversaciones interiores. Se cuenta que al médico humanista Gregorio Marañón (1887-1960) le preguntaron cuál es la principal innovación de la medicina en los últimos años. A lo que el doctor contestó: «La silla. La silla que nos permite sentarnos al lado del paciente, escucharlo y explorarlo»[6]. El médico Mario Alonso Puig relata en uno de sus libros el «descubrimiento» que cambió su vida: Mario comparte que la palabra cura muchas enfermedades y que él pudo comprobarlo con sus pacientes. Ese descubrimiento fue una invitación para investigar y divulgar sobre ese poder. Mario Alonso Puig ayuda a cientos de miles de personas cada año a través de sus conferencias, libros, meditaciones y pensamientos como este: «quizás el mayor error que cometemos cuando hablamos es abrir la boca cuando lo que decimos no va a ayudar»[7].

Echando la mirada hacia atrás y una vez cumplidos sesenta años, recuerdo muchas buenas conversaciones y echo en falta otras tantas que no se produjeron porque en algún momento, ya iniciadas, se estropearon porque alguna (mala) excusa las impidió. Tengo la impresión de que lo bueno o memorable que hice en mi vida siempre vino en compañía de la conversación.

---

6 Anécdota relatada por el médico endocrinólogo Marius Foz.

7 Vídeo *La educación importa para conversar mejor.* https://www.youtube.com/watch?v=j6ITanRwQGQ&t= Intervención de Mario Alonso Puig a partir de 8'22".

Me gusta pensar que la vida se descompone en conversaciones[8]. Somos capaces de articular ideas, pensamientos, y compartirlos con otras personas o con nosotros mismos. Somos capaces de cooperar y para hacerlo eficazmente necesitamos conversar. Quizás no seamos conscientes del gran valor de la buena conversación y, por esa falta de consciencia, la subestimamos.

Carlos Fraenkel, filósofo e historiador, abordó el reto de utilizar la filosofía —es decir, la conversación razonada— para debatir temas aparentemente incuestionables entre personas con sólidas creencias al respecto de la existencia de Dios, de la justificación de la violencia, sobre una religión o sobre la autonomía de un determinado pueblo. Este reto le llevó a Palestina, a Indonesia, a Brasil, con los miembros de la comunidad jasídica en Nueva York o a una comunidad indígena en Canadá. Sus experiencias se plasmaron en el libro, *Enseñar Platón en Palestina. Filosofía en un mundo dividido,* donde nos propone la utilidad de crear una «cultura del debate» que nos abre la posibilidad de interpretar y, por tanto, revisar nuestras creencias más arraigadas y profundas. «Si quieres llegar sinceramente a la verdad, tendrás que considerar que lo que crees puede estar equivocado». Fraenkel nos aclara que «aquellos que piensan que están en posesión de la verdad no creen necesario unirse a la cultura del debate, lo consideran inútil». Ese era el caso de Roberto, el marido de Laura —de quienes hablamos hace unas líneas— que no aceptó acudir con su mujer al psicólogo matrimonial porque «el problema lo tienes tú». En nuestra mano está aceptar esa posibilidad —la de que todo lo que creamos es cuestionable y puede estar equivocado—. Estemos dispuestos a participar, sin prejuicios, en un debate sobre ello. «Tenemos ideas, en nuestras creencias estamos. Con nuestras creencias estamos inseparablemente unidos. Por eso cabe decir que las somos», escribió Ortega y Gasset en *Ideas y creencias.* La cultura del debate, que propone Fraenkel, no va a estar al alcance de todos. El libro que tienes entre tus manos tiene el propósito de añadir

8 Adaptado del pensamiento de Wittgenstein «El mundo se descompone en hechos».

a más personas a esa cultura para intentar entender los mensajes de los demás desde sus respectivas perspectivas.

«Es difícil sobreestimar el poder de la conversación», escribe Celeste Headlee en *We need to talk* (*Necesitamos hablar*). La autora norteamericana habla de la capacidad de la conversación para tender puentes, para cicatrizar heridas. Pero también de su capacidad de producir daño y dolor. «Pasamos mucho tiempo evitando conversaciones difíciles sin destinar el tiempo suficiente a tratar de entender a las personas que viven y trabajan con nosotros».

«Los humanos somos capaces de conseguir grandes cosas, grandes hitos culturales, invenciones, descubrimientos científicos..., porque tenemos el lenguaje. No es solo mi cerebro, es el mío, más el tuyo, sumado al de ella y al de él... La conversación es lo que nos permite preocuparnos del otro y al mismo tiempo expresar los retos a los que nos enfrentamos, las tragedias que estamos sufriendo y la esperanza que tenemos. Es la conversación quien nos hace una especie social», dice Steven Pinker, el psicólogo y lingüista canadiense. Cooperar es la base de nuestra felicidad y cada uno de nosotros lo podemos comprobar por muy solitarios que nos consideremos ser. Incluso Manuel, el protagonista de la novela *Los asquerosos*, de Santiago Lorenzo, que quiere y se acostumbra a vivir solo en un pueblo apartado para no ser descubierto de un crimen que ha cometido accidentalmente, necesita de la colaboración de su tío para poder llevar a cabo el objetivo de sobrevivir.

Otra fuente de información que nos ratifica la importancia de las relaciones en nuestras vidas son los descubrimientos de la neurociencia. Según Daniel Goleman, el descubrimiento más importante de la neurociencia es que nuestro cerebro está programado para conectar con los demás. Cada vez que dos o más personas se encuentran o se comunican, en sus cerebros puede iniciarse una suerte de danza emocional. Ciertas regiones se activan, se segregan ciertas hormonas y ciertas conexiones neuronales se disparan. En su conjunto, este sutil «tango de sentimientos» será más o menos armónico según el tipo de conexión existente entre las personas en cuestión. Las personas que nos rodean tienen la capacidad de moldear y definir nuestros estados de ánimo y nuestra biología, al tiempo que nosotros ejercemos una influencia análoga en ellos. Las conversaciones que mantenemos influyen en cómo nos sentimos y en nuestra felicidad. Cómo seamos nosotros como conversadores, influirá en la misma forma en nuestros interlocutores.

> A menudo, la grandeza se percibe mejor en las cosas simples (Nuccio Ordine).

A pesar de todo lo dicho, conversar puede llegarnos a parecer un objetivo menor para una vida llena de prisas en la que se aspira a coleccionar experiencias excitantes, posesiones y poder. La conversación puede parecer una actividad que no aleja de la productividad. «No hay tiempo», «vayamos al grano», «¿esto nos da beneficios?», «menos hablar, más actuar», «no estoy para divagar», «la vida es así de dura, el tiempo es oro y hay que aprovecharlo produciendo», «ponte a estudiar y no pierdas el tiempo hablando»..., son frases que reflejan ese espíritu de competitividad, de prisas que predominan en nuestra sociedad.

> Considero útil todo aquello que nos ayuda a hacernos mejores (Nuccio Ordine)

La utilidad de lo inútil es un imprescindible ensayo/manifiesto escrito por Nuccio Ordine (1958-2023) que nos demuestra lo que el propio título del libro anuncia. Lo que es aparentemente inútil, el arte, la ciencia que investiga por el afán de saber que no de resolver, la conversación, el sosiego, incluso el fracaso..., todos ellos resultan reveladoramente útiles. En la obra de Ordine se nos presentan una sucesión de pensamientos e historias que no dejan lugar a dudas de la utilidad de lo inútil y, por el contrario, nos enemista con la utilidad por su fealdad y vulgaridad.

> Ser un hombre útil me ha parecido siempre como algo en verdad espantoso. Con el corazón en la mano. (Charles Baudelaire).

> Solo es realmente hermoso lo que no sirve para nada. Todo lo que es útil es feo, porque es la expresión de alguna necesidad, y las necesidades del hombre son ruines y desagradables, igual que su pobre y enfermiza naturaleza (Téophile Gautier).

La conversación desinteresada, a la que los interlocutores se asoman sin nada que vender, influir o aparentar es, quizás, poco común porque —precisamente— no tiene interés (interés en su primera acepción según la RAE: «provecho, utilidad, ganancia»). Pero es de esa «inutilidad» de donde surge el vínculo con nuestros hijos, cónyuges, amigos o clientes, y nace la experiencia sublime, única, de la conversación.

> Gusto es la facultad de juzgar un objeto o una representación mediante una satisfacción o un descontento, sin interés alguno. El objeto de semejante satisfacción llámase bello (Immanuel Kant–*Crítica del juicio*).

> Para el ser humano actual es cada vez más complicado sentir interés por cualquier cosa que no implique un uso práctico e inmediato para «fines técnicos»(Martin Heidegger).

Me gusta mucho una versión inteligente y aparentemente mercantilista que el filósofo francés Michel Serres nos propone para entender el excelente negocio (utilidad) de la conversación:

> «Si acudo a una panadería con un euro, me llevo una barra de pan y el panadero se queda con mi euro.
>
> Si acudo a una conversación con un teorema de Pitágoras y mi interlocutor con un poema de Verlaine, ambos nos llevamos tanto el teorema como el poema».

APROVECHEMOS LAS OPORTUNIDADES

Si es tan buen negocio, ¿por qué desaprovechamos nuestras oportunidades para conversar?

«Decimos que somos muy sociales, pero si en el tren el asiento que está al lado del nuestro está vacío y de repente alguien viene a ocuparlo, vamos a lamentarlo. ¿Somos de verdad tan sociales?» se pregunta Javier Urra, psicólogo navarro.

Las oportunidades de conversar se nos presentan todos los días y nuestro primer deber es creer en esas oportunidades, creer en el ser humano; «cada persona tiene una emocionante historia que contar. Son tesoros llenos de vida, sabiduría y experiencia», relata Omid Scheybani. ¿Lo creemos de verdad? ¿O pensamos que la mayoría de «la gente» es estúpida, que tiene ideas que no merecen la pena escucharse?

Hoy hemos visitado la Real Academia de Bellas Artes de San Fernando, un museo espectacular y poco visitado de la ciudad de Madrid (calle Alcalá, 13). Acudimos porque se celebraba una exposición de Picasso —que fue alumno de la Academia—. Mientras disfrutábamos de su obra, vimos a un joven acercar mucho su cámara a algunas de las estampas originales del pintor malagueño. Así conseguía fotografiar con mucho detalle algunos de los fragmentos, algo que nos resultó muy interesante. Se lo dijimos..., «qué interesante es lo que haces». Félix, así se llama el joven, resultó ser una persona muy especial. Estudiante de turismo en la Universidad Carlos III de Madrid, había empezado antes finanzas y contabilidad. Su padre, malagueño, su madre caraqueña. Transmitía mucha paz y una conversación de la que nos llevamos una sensación agradable, de felicidad (es probable que produjéramos oxitocina) y una historia vital compartida que fue un auténtico regalo.

La conversación en acción empieza por aprovechar las ocasiones que se nos presenten con la mejor actitud y con toda la humildad.

> Todo ser humano es superior a mí en algún sentido.
> En ese sentido, aprendo algo de él (Ralph Waldo Emerson).

Aprovechar las oportunidades es adoptar el personaje de un «profesional de la conversación» que sabe que debe vencer la desidia y aplicar la inteligencia. Porque lo hace por su propio bien, como cuando tocan los días de la semana en los que solemos ir a la piscina, ir a correr o al gimnasio. La pereza aparece, pero la vencemos porque sabemos las consecuencias positivas de derrotar esa desgana inicial.

La realidad es que se dejan pasar muchas oportunidades para conversar y, en otras ocasiones, la situación —con nuestra pareja, hijos, jefes, etc.— se ha enquistado tanto que volver a iniciar una conversación fluida se convierte en un deseo que, en muchas ocasiones, no somos capaces de cumplir.

La vida nos cambia —para bien— cuando buscamos la conversación y no la despreciamos. Se nos van a quedar menos cosas por decir y muchas menos por aprender. Nos vamos a sentir mucho más humanos.

En *Las conversaciones que NO tenemos*, Santiago Álvarez Mon reflexiona con sinceridad sobre algunos episodios de su vida relacionados con la muerte de seres queridos —su padre, amigos…— lamentando las conversaciones perdidas. «En ese maremágnum, ¿qué cosa hay más importante que estrujar, dialogar y despedir a un amigo sufriente?», escribe sobre un amigo fallecido con conversaciones aplazadas por un «mañana iré» o por un «hoy no que estoy muy liado». En ese libro, Álvarez Mon nos regala muchos pensamientos leídos, como el del libro *Conversación*, de Thomas Zeldin: «Si vemos la vida como una partida de cartas, la conversación no solo vuelve a mezclarlas, sino que crea y reparte cartas nuevas».

Espero que estas líneas estén consiguiendo su propósito: estimular tu deseo de conversar. Pero también es posible que creas que no es fácil iniciar una conversación. Es cierto que no todos los momentos son propicios para conversar ni todas las personas están dispuestas a hacerlo. Algunos prefieren «no hablar con desconocidos» y va a ser una misión tan innecesaria como incómoda rogarles que hablen. En cuanto a las personas conocidas, puede ser que nosotros mismos, nuestros hijos o nuestro cónyuge consideremos la conversación como una zona con alto riesgo de conflicto de la que preferimos huir y, por lo tanto, «abrir la lata» resulta complicado.

> Te presento a Olga Martínez, una mujer con gran vitalidad, madre de dos hijas de trece años y propietaria de una empresa que ejerce de agente de grandes medios internacionales en

el mercado de la publicidad. Todas las veces que hemos tenido oportunidad de conversar he salido con alguna idea y de mucho mejor humor, habiéndome reído mucho. Ayer le pregunté a Olga si recordaba desde cuándo y cómo nos habíamos conocido.

—Fue hace muchos años, creo que doce o trece. Te conocí en un evento, me pareció interesante lo que contabas y te llamé —me respondió.

—¿Haces eso muy a menudo? ¿Te presentas a gente que no conoces proponiéndoles verlos? —le pregunté.

—Sí —me contestó con naturalidad—, siempre que crea que puedo aportar algo. Tampoco quiero ir mendigando conversación.

Olga crea oportunidades para conversar y no desaprovecha las que se le presentan. Esa característica la hace singular, atractiva, diferente. Cuando Olga conoce a alguien, sabe cómo hacer que la relación fluya. A pesar de no haber tenido más de treinta conversaciones, conozco y sé de Olga mucho más de lo que sé de buenos amigos a los que he visto en centenares de ocasiones, pero con los que no he conseguido crear buenas y sinceras conversaciones a pesar de haber tenido muchas oportunidades.

Escribí al inicio de este capítulo que aproximadamente la mitad de las personas que utilizan el taxi en Madrid no conversan con el conductor, salvo para indicarle dónde quieren ir y decir cuál es el método de pago. Considero a los taxistas un colectivo especialmente interesante para conversar. Son personas que pasan mucho tiempo solas; por tanto, con tiempo para pensar y también para informarse. Y pasan también mucho tiempo acompañados de personas muy variadas que representan el conjunto de nuestra sociedad. Los taxistas se convierten en espectadores privilegiados del comportamiento humano, tienen información que sus clientes les aportamos y todo ello—la mezcla de pensadores, observadores y escuchadores—hace que se conviertan en una inestimable fuente de ideas interesantes. Aquí va una de las muchísimas que he tenido la oportunidad de aprender aprovechando la oportunidad de hablar con ellos:

> Conversaba con un taxista sobre las redes sociales, específicamente sobre las opiniones que vertimos de restaurantes, hoteles, museos… No recuerdo cómo fue que llegamos a hablar sobre ese tema. Mi interlocutor me dijo que antes de acudir a un hotel o un restaurante encontraba muy útil leer las opiniones negativas de las redes.
>
> «Cuando se trata de comentarios negativos relacionados con el producto vienen muy bien para estar prevenido y, probablemente, tomar la decisión de no ir o evitar el producto criticado. Por ejemplo, en un viaje que hice a Rivera Maya supe que no debía admitir una propuesta de cambio de habitación, a pesar de parecer muy ventajosa, gracias a los comentarios de otros viajeros que habían ido antes y valoraron muy negativamente el cambio», me dijo. «Sin embargo», el taxista continuó con su teoría, «cuando se trata de valoraciones relacionadas con el servicio no hago ni caso porque sé que a mí me van a tratar bien», sentenció, como si no hubiera dicho gran cosa.
>
> Tardé unos segundos en reaccionar. Su brillante reflexión me dejó estupefacto. Le dije que jamás olvidaría su pensamiento con el que estaba totalmente de acuerdo.

El sabio y filósofo taxista sabe que es mucho más difícil (prácticamente imposible) que le den un mal servicio. Él es consciente de que la simpatía, educación y amabilidad entusiastas y sinceras no pueden merecer —en condiciones normales— otra respuesta que no sea un servicio amable. Un buen cliente hace un buen proveedor. Sabe que muchos de los que escriben opiniones negativas recibieron un mal servicio porque ellos tampoco se lo pusieron fácil al ser humano que les servía. Quizás fueron displicentes, exageradamente exigentes, no disculparon un fallo o, quizás peor, son unos amargados que transmiten su amargura allá por donde pisan.

Aprovechar oportunidades para conversar es algo así como convertirse en un cazador de conversaciones; un entretenimiento que hace la vida más divertida y productiva. Podremos observar que la vida no nos depara tantas oportunidades de conversar a diario (descarto aquellas cuya única finalidad sea el trabajo; tampoco pueden considerarse conversaciones las breves interacciones en la familia). Me refiero a conversar con consciencia. Podemos seguir el ejemplo de Celeste Headlee y anotar en un diario cuántas conversaciones mantenemos. Ella descubrió con cierta sorpresa que había muchos días en los que no mantenía ni una conversación. Si la vida no nos depara suficientes oportunidades, tendremos que estar alerta para no desaprovechar las que se nos presentan y también crear nuevas ocasiones. Víctor Küppers es un especialista en psicología positiva, profesor y divulgador. En sus clases propone a sus alumnos que salgan del aula y llamen a sus madres para decirles «mamá, te llamo para decirte que te quiero» (el inicio de una bella conversación). Küppers anticipa a sus alumnos las contestaciones que van a recibir de sus madres: «hijo, ¿te pasa algo?, ¿te encuentras bien?». Utiliza este gag tragicómico para hacernos reflexionar de que algo estaremos haciendo mal si nuestras madres se sorprenden porque les digamos lo que sentimos por ellas.

> El lenguaje es algo tan propio de los seres humanos que hemos olvidado el privilegio de esa conquista por la que somos una especie distinta entre los animales (Emilio Lledó).

Este capítulo inicial ha pretendido que la suma de las anécdotas relatadas nos invite a la reflexión sobre el poder desaprovechado de la conversación. Creo que cada uno de los lectores de este libro tendremos acumuladas experiencias que nos permiten concluir que las conversaciones —las mantenidas y las que nunca llegaron a producirse— marcaron nuestras vidas, para bien y para mal.

La forma en la que nos aproximemos a las conversaciones determinará, en cierta medida, la forma en que interpretemos la vida. Igualmente válido sería decir que la actitud con la que nos aproximemos a la vida determinará la forma en que desarrollemos nuestras conversaciones. Ambas nos indican que las conversaciones son el elemento más tangible para expresar cómo vivimos. Si conversamos con ansiedad, viviremos ansiosos, si conversamos con ánimo y presencia bondadosa, viviremos contagiando entusiasmo y bondad.

AUTODIAGNÓSTICO
(preguntas para reflexionar)

—¿Crees que es más difícil conversar hoy que en el pasado?

—En el caso de que la repuesta sea afirmativa, ¿por qué consideras que eso ocurre?

—¿Con qué personas te resulta más fácil tener buenas conversaciones?

—¿Con quién(es) te gustaría tener buenas conversaciones y no las tienes?

—¿En qué medida consideras que las conversaciones contribuyen a sentir amor por tu pareja?

—¿Aprovechas las oportunidades que nos brinda la vida para descubrir a nuevas personas a través de la conversación?

— 3 —

REVISAR NUESTRAS INTENCIONES

El resultado de nuestras conversaciones empieza a gestarse antes de que la primera palabra sea dicha. Da comienzo con la disposición con la que acudimos a ellas.

Sadhguru escribe que «disponemos de increíbles herramientas científicas y tecnológicas suficientemente poderosas como para hacer prosperar o destruir el mundo varias veces. Sin embargo, si la capacidad de manejar unos instrumentos tan potentes no está acompañada de un profundo sentido de compasión, inclusión, equilibrio y madurez, podríamos estar al borde de un desastre global. Nuestra búsqueda incesante de bienestar externo está a punto de aniquilar al planeta».

Con las conversaciones ocurre lo mismo: son un potente instrumento para hacer que nuestras relaciones se desarrollen de una forma u otra. Manejar adecuadamente el instrumento de la conversación exige que nuestra voluntad interior esté alineada con un propósito de intercambio cooperativo, de ganas de satisfacer; que acudamos a la conversación con buenas intenciones.

Recomendación para conversadores

«Uno de los mejores propósitos de la vida es luchar para ser una persona mejor», dice Víctor Küppers, escritor, conferenciante y especialista en psicología positiva. «Nadie debería alejarse de ti sin sentirse mejor y más feliz» es una sentencia de la madre Teresa de Calcuta.

He observado y analizado miles de conversaciones. He llegado a la firme conclusión de que a la gran mayoría de ellas acudimos cargados de inercias aprendidas que nos impiden evolucionar. Reiteramos una y otra vez hábitos conversativos que se convierten en «tics» sobre los que no tenemos ningún control.

Nuestras conversaciones pueden cambiar si nosotros las cambiamos y no esperamos que sean otros los que tomen la iniciativa que quizás nunca se produzca. Nuestras conversaciones van a progresar si las iniciamos con el propósito de convertirlas en bellos actos. Deberemos evitar predisponernos sobre la posibilidad de que nuestro interlocutor acuda a nuestro encuentro con una supuesta actitud o intención negativa, incluso con aquellos con los que hayamos acumulado malas experiencias conversativas previas.

La revisión de las intenciones con las que acudimos a la conversación no es un cambio sutil; es un cambio definitivo. No es una idea para una sola conversación; es una recomendación para todas las conversaciones importantes que mantengamos.

Es, sin duda, una decisión bondadosa. Pero es, además, mucho más. Es colocarnos en una situación de superioridad con respecto al conversador que éramos antes.

Aunque debemos estar preparados para que nuestras buenas intenciones no siempre prevalezcan. Cabe la posibilidad de que salgamos derrotados, frustrados por la nula o negativa recepción de nuestra voluntad, pero sabemos que hemos dado el paso correcto.

¿QUÉ SUPONE REVISAR NUESTRAS INTENCIONES CUANDO VAMOS A CONVERSAR?

Inicialmente, preguntarnos con sinceridad al respecto de algo que habitualmente no nos cuestionamos y tomar conciencia de la posibilidad de modificar ese aspecto crucial que puede modificar nuestra eficacia conversativa.

Mónica es una conocida del barrio. Ella es de carácter expansivo, lo que causa que comparta conmigo muchos sentimientos que pudieran parecer reservados para una amistad más íntima de la que tenemos. Me habla de sus continuas peleas con su hija postadolescente —veinte años—, con la que no para de discutir. Describe su relación con ella de esta manera: «nos queremos, pero no nos aguantamos. Tenemos un problema de comunicación». Mónica quiere que su hija haga con su vida lo que ella considera que es de sentido común (su sentido común). Es indudable que la intención de Mónica como madre es buena: quiere lo mejor para su hija. Su intención como conversadora es mala: imponer su verdad basada en su experiencia. «Hazme caso, que tengo más vida que tú» se transforma en un recurrente y mal argumento. Le he propuesto a Mónica que modifique sus intenciones al hablar con su hija, pero, por el momento, no es capaz de separar su rol de madre del de conversadora.

¿CUÁLES SON LAS CARACTERÍSTICAS UNIVERSALES DE UN BUEN CONVERSADOR?

Probablemente cada cual elaboraría una larga lista de adjetivos que diera respuesta a esta pregunta. La forma en la que conversamos es uno de esos actos mecánicos que hemos aprehendido de las personas con las que hemos convivido. Hemos interiorizado esa forma de proceder en nuestras conversaciones y lo hemos adoptado como si fuera un sistema de creencias. Es lo que el Dr. Miguel Ruiz denomina «acuerdos» que hemos ido adquiriendo a través de la educación (él lo llama «domesticación» en lugar de «educación»). Muchos de esos acuerdos nos producen daño, limitaciones que nos impiden desempeñarnos como buenos conversadores.

El libro *Los cuatro acuerdos* ha sido traducido a cuarenta y seis idiomas. Solo en Estados Unidos ha vendido más de ocho millones de ejemplares. Es decir, estamos ante una obra que ha influido —y para bien— en el pensamiento y acción de muchísimas personas.

Los cuatro acuerdos son sencillos e inteligentes, al tiempo que espectacularmente potentes. Si conseguimos interiorizar esos acuerdos, puede mejorar notablemente nuestra forma de relacionarnos. Así mejoraremos nuestra vida mejorando la vida de los demás a través de los actos conversativos.

Estos son los cuatro acuerdos que nos propone el Dr. Miguel Ruiz, que nos servirán como guía o método para revisar nuestras intenciones y consecuentemente obtener una mejora en nuestro desempeño:

PRIMER ACUERDO: sé impecable con tus palabras.
SEGUNDO ACUERDO: no te tomes nada personalmente.
TERCER ACUERDO: no hagas suposiciones.
CUARTO ACUERDO: haz siempre lo máximo que puedas.

PRIMER ACUERDO: SÉ IMPECABLE CON TUS PALABRAS

Según el Dr. Ruiz este primer acuerdo es el más importante y el más difícil de cumplir. Si lo aplicamos podremos disfrutar de consecuencias espectaculares.

Para llevarlo a efecto, primero necesitamos entender los que son las palabras y lo que hacen. Creo que todos hemos podido comprobar los resultados que las palabras tienen. A través de ellas hemos podido generar bienestar y daño en función de cuáles hayamos elegido y cómo las hayamos utilizado. También hemos comprobado el bienestar o daño que otras personas nos han hecho con sus palabras.

Las palabras son, por tanto, la herramienta más poderosa que tenemos como humanos. Son un instrumento de magia que según cómo se utilicen pueden crear un clima bello o destruir todo lo que te rodea.

Todas las palabras tienen un doble filo: un filo es su uso erróneo, que puede crear un infierno para toda la vida. El otro filo es la impecabilidad que solo engendrará belleza, amor en la tierra.

Recomendación para conversadores

Debemos ser conscientes de que somos nosotros quienes elegimos qué filo utilizar —el impecable o el erróneo— en nuestro minuto a minuto conversativo.

¿Qué es ser impecable con nuestras palabras? Se trata de conseguir no cargar de intencionalidad ni emoción negativa a ninguna de nuestras palabras. Este primer acuerdo aplica tanto a las palabras que les decimos a los demás como a las que nos decimos a nosotros mismos. Es un reto gigante y lograrlo es extremadamente difícil.

> Eso es finalmente lo que vale: que alguien perdure en la memoria, gracias al poder transformador de sus palabras (Laura Esquivel).

Empecemos siendo impecable con las palabras con las que hablamos a la gente más conocida, con las que tenemos más confianza y relación, incluidos nosotros. Sirvan tres vivencias para la reflexión:

Terapia de pareja

Esta es la recomendación que una psicóloga realiza a una pareja con problemas de comunicación: «Os recomiendo cenar juntos todas las noches, sin ningún tipo de dispositivo que pueda interrumpir vuestra conversación. Haced lo posible para hablaros como si no os conocierais de nada, como si fuera vuestro primer encuentro. Conversad con amabilidad y cariño».

Rafael Echeverría afirma que la principal causa de las rupturas matrimoniales es que «la comunicación en la pareja no es efectiva». Si conseguimos hablarles a nuestros seres queridos con el cuidado y cariño con el que le hablamos a un extraño, es posible que estemos en el camino de ser impecable con nuestras palabras.

Madre que no es impecable con sus palabras

Mónica, la madre de la que hablábamos unas líneas antes, nos dice que «no voy a estar hablándole a mi hija con el cuidado con el que hablo a un extraño. Ella se queja de que le hablo con muchos imperativos, de forma brusca..., pero digo yo que no voy a estar todo el rato utilizando circunloquios».

¿La confianza da asco? IA vs. personas

Los experimentos del neurocientífico argentino Mariano Sigman demuestran que muchas personas le hablan con más cariño a la inteligencia artificial de *ChatGPT* que a sus amigos o parejas. Somos capaces de hablar impecablemente, pero parece como si hiciéramos bueno al refranero español: «la confianza da asco». Quizás sería más justo, aunque más largo, decir: «hay gente que da asco cuando toma confianza».

Con quien tenemos más confianza y con quien más hablamos es con nosotros mismos. Por eso, también somos el mejor banco de pruebas para ser impecables con nuestras palabras. Todo lo que sintamos, creamos o nos digamos en nuestra contra dificultará la deseada impecabilidad.

Llevo ocho años concentrándome para conseguir visualizarme siendo impecable con mis palabras para después intentar llevarlo a cabo. He hecho avances importantes, pero aún me falta mucho. No es fácil lograr plenamente este primer acuerdo, pero nos merecemos intentarlo. Por nosotros mismos, por nuestras familias, compañeros, amigos, por cualquier persona que entre en contacto con nosotros.

> Las palabras entrañan, en sí, un riesgo, una amenaza y no es verdad, como dicen, que las palabras se las lleve el viento, no es verdad (Luis Landero).

Todos tenemos decenas de oportunidades cada día para cumplir o incumplir este primer acuerdo. Y todos sabemos cuándo lo cumplimos y cuándo no. No vale con «tampoco le hablo tan mal», «no sé hablar de otra manera», «es que...», «eres un blandito, no se te puede decir nada». Como dice el autor de *Los cuatro acuerdos*, este es el más difícil y de él emanan los tres restantes.

«No importa con quién me encuentre, nunca les hablaré de tal forma que pueda arrepentirme después, porque este encuentro podría ser el último».

SEGUNDO ACUERDO: NO TE TOMES NADA PERSONALMENTE

«Aunque alguien te insulte directamente, eso no tiene que ver contigo, tiene que ver con la persona que te insulta». Si nos tomamos las cosas personalmente seremos presas fáciles de los considerados magos negros de las palabras. Si, en cambio, conseguimos no tomarnos nada personalmente seremos mucho más libres. Si alguien dijera, por ejemplo, chismorreos sobre nosotros, nos mantendremos inmunes a ellos.

Recomendación para conversadores

Este segundo acuerdo exige mucho control y seguridad en uno mismo. Si alguien dijera algo que no nos gusta, optaremos por sonreír con cariño y seremos fieles a nuestro compromiso con el primer acuerdo: ser impecables con nuestras palabras. En el caso de que nos resulte difícil, podemos no hacer caso o alejarnos de quien ha hecho un juicio dañino sobre nosotros.

Si conseguimos no tomarnos nada personalmente no necesitaremos depositar nuestra confianza en lo que hagan o digan los demás y nos proporcionará fortaleza y sosiego.

«Volver hacia el interior constituye el primer paso para salir de la pasividad y comenzar a representar un papel activo; de ser una víctima pasas a empezar a convertirte en el dueño de tu propio destino», escribe Sadhguru en el libro *Ingeniería interior.*

«No tomarse nada personalmente» también concierne a los comentarios aduladores, positivos. En el caso de que se produzcan optaremos por agradecerlos, pero no por creérnoslos. Aplica tanto si nos dicen «eres el mejor» o «eres el peor». Gracias a haber interiorizado esta enseñanza sabemos que esas afirmaciones son la forma de ver el mundo de otra persona, no somos nosotros.

El primer libro que escribí lleva como *título Los diez pecados capitales del jefe.* Una persona escribió un mensaje negativo sobre mí en los comentarios del blog de la editorial. El comentario decía: «el peor jefe del mundo y escribe sobre jefes». La persona de la editorial que me informó sobre el comentario me preguntó alarmada quién era quien hablaba tan mal de mí. Le contesté lo que pensaba: «alguien que me ve así, no gusto a todo el mundo».

TERCER ACUERDO: NO HAGAS SUPOSICIONES

Tendemos a hacer suposiciones sobre todo y sobre todos. Una suposición es aceptar como verdadero algo sobre lo que solo tenemos una intuición. Es decir, que damos por cierto algo, una conjetura, una sospecha o una hipótesis. Cuando hacemos suposiciones, nos buscamos problemas y nuestras conversaciones no pueden avanzar bien.

Nos pasamos nuestra vida haciendo suposiciones sobre lo que otros piensan, imaginando lo que van a hacer. Acumulamos decepciones, tristeza, al suponer lo que otra persona, quizás una persona querida, debería haber hecho. Nuestras suposiciones y sufrimientos parten de no pedir aclaraciones, por miedo o incomodidad a preguntar.

Suponemos que nuestra pareja debería saber algo y nos enfurecemos porque no ha actuado en consecuencia de ese supuesto conocimiento. Suponemos que un compañero en el trabajo nos ha dado una determinada contestación porque está aspirando a quitarnos el puesto. Suponemos que un amigo que últimamente nos lleva la contraria lo hace por fastidiarnos. Somos capaces incluso de hacer suposiciones de gente que no conocemos personalmente, pero a la que atribuimos determinadas formas de ser, pensar o actuar solo por haberlas visto por la televisión. Hasta suponemos, en muchas de nuestras argumentaciones, que el resto de la gente ve la vida como la vemos nosotros.

Hay muchos tipos de suposiciones. Te presento cinco comunes:

1. *Suposiciones sobre la valía de las personas*

Es curioso, pero la mayor parte de las que hacemos son negativas, basadas en la nada. A modo de ejemplo esta conversación del entorno laboral:

> —¿Sabes que a Eugenio le han hecho director general de su empresa?
>
> —No me extraña, tiene una pinta tremenda de pelota. No parece muy inteligente.
>
> —Pero todas esas afirmaciones, ¿de dónde las sacas?
>
> —Pues de mi experiencia: no hay más que verle.
>
> —¿Te gustaría que dijeran lo mismo de ti basado en tus apariencias?

El chismorreo es la forma de expresión verbal preferida de las suposiciones. Etiquetamos a personas o narramos hechos como si fueran veraces. Eso es lo peor, que nos lleguemos a creer nuestras pobres suposiciones.

2. *Suposiciones sobre la voluntad de las personas*

También hacemos suposiciones cuando creemos que una persona debe saber lo que pensamos sin que sea necesario que nosotros lo hayamos expresado. La ausencia de claridad en la comunicación hace que sea más fácil que emerja el conflicto. Imaginemos una pareja en la que la mujer llega a casa del trabajo. El marido está furioso y la mujer no sabe por qué.

> «Mujer: —Hola, ya he llegado, ¿qué tal por aquí?
>
> Marido (en un tono enfadado, displicente): —Hola, por aquí todo en orden.
>
> Mujer (con cariño): —Uy, uy, me huele que estás enfadado. ¿Hay algo que no sepa, algo que te haya molestado?

Marido: —Tú sabrás, parece bastante evidente, ¿no? Vamos, que no hace falta ser un genio para saber por qué estoy molesto.

Mujer: —Tus suposiciones me aburren, habla claro, di lo que te pasa y tratamos de solucionarlo. Pero si juegas a los detectives, es mejor que eches tu currículum a Netflix.

Marido: —Tú sabes por qué estoy así.

Mujer: —Anda y que te den.»

Una pregunta es contestada con una suposición ofensiva que genera un conflicto que puede conducir a decirnos cosas que sean difíciles de olvidar.

3. *Suposiciones sobre las opiniones de los demás*

Este tercer tipo de suposiciones suponen que las opiniones de los demás tienen un objetivo perverso:

—Todo lo que digo lo objetas. Vas a por mí, lo haces aposta.

—No creo que sea así. Solo tenemos opiniones diferentes y eso enriquece nuestra relación. ¿Cómo puedes llegar a pensar que fabrico mis opiniones solo para contradecirte?

—Lo veo claro, clarísimo. Vas a por mí y así es imposible que tengamos una buena relación.

4. *Suponemos que todo el mundo ve la vida como nosotros*

Esa suposición nos impedirá ponernos en el lugar de los demás. Solo somos capaces de querer poner a los demás en nuestro lugar.

—Es completamente imposible que no lo veas como yo. Te estás obcecando, lo que te digo es algo que es lógico, que no es discutible. Todo el mundo lo sabe.

—Vamos, que hay dos formas de verlo: la tuya y la equivocada. Y allí estoy yo, equivocándome adrede.

—Ya te darás cuenta de tu error.

Una variante de este tipo de suposición es llegar a conclusiones, suposiciones generales a partir de vivencias particulares.

En ese caso damos por hecho que esas vivencias son aplicables a todo el mundo, porque pensamos que el resto del mundo vive la misma vida que nosotros.

5. *Suposiciones sobre nosotros mismos*

Lo hacemos sobre y subestimándonos. Hacemos de nuestras conversaciones interiores un mar de suposiciones que pueden dañarnos.

—Seguro que no voy a poder, cuando me vean no les voy a gustar. Es que seguro que hay gente más preparada que yo.

—Deja de hacer suposiciones, ve a la entrevista con un mensaje en tu cabeza: voy a hacerlo lo mejor posible, espero gustarles.

Recomendación para conversadores

Las suposiciones nos empobrecen e imposibilitan el tener buenas conversaciones porque esas suposiciones nos alejan de una meta universal: la búsqueda de la verdad.

La razón por la que hacemos suposiciones es porque necesitamos justificarlo, explicarlo y comprenderlo todo para sentirnos seguros. Con las suposiciones logramos darnos respuesta a las preguntas que nos planteamos, aunque la respuesta no sea la correcta.

¿Cómo podemos evitar hacer suposiciones? Teniendo el valor para expresarnos, para preguntar y dejar las cosas más claras en nuestras conversaciones. Y comprometiéndonos a dejar de hacer suposiciones, aunque eso nos deje con la incomodidad de no tener respuestas para nuestras preguntas.

Las suposiciones también imposibilitarán nuestra disposición para amar. Cuando conocemos a alguien nuevo, llegamos a suponer que seremos capaces de cambiar algunos aspectos que nos gustan menos. El amor verdadero es aceptar a las personas que decimos amar tal como son, sin tratar de cambiarlos.

Si dejamos de hacer suposiciones, tendremos vía libre para conseguir cumplir el primer acuerdo, que nuestras palabras sean impecables.

Las etiquetas con las que calificamos a personas de nuestro entorno son muy peligrosas. Son especialmente dañinas en el entorno educativo.

Los docentes que ponen etiquetas a sus alumnos están suponiendo una condición estable de comportamiento que no es modificable de ninguna manera. Etiquetar al alumnado es injusto y nada educativo. A pesar de ello, en todos los inicios de curso pueden escucharse conversaciones de profesores que advierten a sus colegas sobre «el peligro» que algún alumno tiene, poniéndoles en antecedentes para que estén alerta.

En 1968, Rosenthal y Jacobson llevaron a cabo un experimento para tratar de ver el efecto que tienen las suposiciones o expectativas que nos hacemos de los demás. En este experimento se seleccionaron trescientos estudiantes para pasarles una prueba de inteligencia.

En dicha prueba, salió que estos trescientos estudiantes tenían una inteligencia similar, nadie destacaba ni por encima ni por debajo, de modo que se pasó a la segunda fase del experimento.

Seleccionaron a sesenta y cinco alumnos de entre estos trescientos y crearon un informe falso para los profesores, diciendo que estos alumnos eran mucho más inteligentes que el resto y que podían esperar grandes cosas de ellos durante el curso académico.

Al final del curso, volvieron a administrar la prueba de inteligencia y los alumnos con falsos informes mostraron una inteligencia superior al resto, haciendo que el informe dejase de ser falso. Pero ¿cómo es posible?

La supuesta inteligencia de los alumnos creó unas expectativas en los profesores hacia ese grupo de sesenta y cinco, de modo que empezaron a actuar de modo distinto con ellos. Lamentablemente, es más habitual y dañino etiquetar/suponer negativamente de un alumno haciendo que el profesor actúe de una forma preventiva con ellos, limitando sus oportunidades.

CUARTO ACUERDO:
HAZ SIEMPRE LO MÁXIMO QUE PUEDAS

Este último acuerdo es el que posibilita la consecución de los tres anteriores. Tiene que ver con «una filosofía de vida, de una actitud, no de un resultado». Lo máximo que podamos hacer variará en función de nuestro estado de salud o de ánimo, o de si estamos sobrios o bebidos.

El doctor Ruiz nos propone un cuento para ayudarnos a entender este cuarto acuerdo:

> Había una vez un hombre que quería trascender su sufrimiento, de modo que fue a un templo budista con el fin de encontrar un maestro que le pudiera ayudar.
>
> El hombre se acercó al maestro y le preguntó: «Si medito cuatro horas al día ¿cuánto años tardaré en alcanzar la iluminación?»
>
> El maestro le contestó Si todos los días meditas cuatro horas, la alcanzarás en diez años.
>
> El hombre, pensando en acortar ese tiempo, le preguntó: «Maestro, y si medito ocho horas al día, ¿cuánto tiempo tardaré en alcanzar la iluminación?
>
> El maestro le contestó: «Si meditas ocho horas al día, tardarás veinte años».
>
> El hombre se sorprendió y le preguntó al maestro: «¿Por qué tardaré diez años más si medito el doble de tiempo?».
>
> El maestro le contestó: «No estás aquí para sacrificar tu alegría ni tu vida. Estás aquí para amar y ser feliz. Si puedes alcanzar tu máximo nivel en dos horas y utilizas ocho solo conseguirás agotarte, apartarte del verdadero sentido de la meditación y no conseguirás disfrutar de la vida».

Hacer lo máximo que podamos en nuestras conversaciones es actuar cumpliendo con los tres acuerdos anteriores porque queremos hacerlo, no porque esperemos una recompensa por ello.

Recomendación para conversadores

Es posible que conozcamos a personas que esperan una recompensa por algún bien que han hecho o incluso educan a sus hijos con esa filosofía: «haz el bien porque todo lo que das, te viene de vuelta». Seguramente todos tenemos, entre nuestro círculo de conocidos, personas que actúan en consonancia con sus valores sin esperar nada a cambio. Te recomiendo que si quieres que tus conversaciones aporten positivamente lo hagas sin aguardar recompensa alguna.

Forrest Gump es un buen ejemplo. No tenía grandes ideas, pero actuaba. Era feliz porque hacía lo máximo que podía en todo lo que emprendía. Como Forrest Gump tenemos derecho a ser nosotros mismos. Conseguimos realmente serlo cuando hacemos lo máximo que podemos.

Si te has sentido llamado por la idea de revisar tus intenciones cuando acudas a la conversación, es posible que estos cuatro acuerdos puedan ser una buena metodología o tecnología para llevarlos a cabo. Dice el doctor Miguel Ruiz que «tener la idea o la información es solo una semilla en la mente». Lo que realmente hará que las cosas cambien es nuestra acción, como hemos aprendido muchas cosas en la vida, a base de repetición.

Comparto contigo mi experiencia al respecto: sigo cometiendo errores diariamente, incumpliendo alguno de los cuatro acuerdos. Si eso me ocurre, trato de analizar la situación e intento evitar juzgarme y tratar de empezar una vez más con humildad desde el principio.

Para terminar este capítulo, comparto contigo cómo llegó este libro a mis manos. Fue fruto de una conversación.

Fui invitado a dar una charla sobre educación a las madres y padres de un colegio. En el turno de preguntas un padre me interpeló…

—Lo que nos has contado, ¿qué orientación religiosa tiene?

—Ninguna, lo que he compartido con vosotros no tiene adscripción ideológica o religiosa. Son conclusiones de expertos, todas ellas basadas en la ciencia o en su experiencia profesional y personal.

Una vez que le hube contestado, el padre me pidió excusas porque consideraba que su pregunta no había sido adecuada. Le hice saber que su pregunta me parecía pertinente y que, además, se la agradecía. Pero había algo que a él no le había gustado, se le notaba insatisfecho. Durante la exposición hice saber a los asistentes que al día siguiente iba a estar acompañando a un autor en la presentación de un libro. Para mi sorpresa, el hombre que había planteado la pregunta acudió a la presentación con una bolsa que contenía un libro. Me entregó la bolsa, saqué el libro, Los cuatro acuerdos, y me preguntó «¿lo has leído?». «No» le contesté. «Creo que te gustará» me dijo. Y así ha sido, es un libro que me ha ayudado a mejorar.

Es posible que el padre sintiera que había incumplido alguno de los cuatro acuerdos. Quizás supuso algo malo de mí o interpretó que su forma de plantearme la pregunta no estaba cumpliendo con la impecabilidad de las palabras.

Necesitamos una gran voluntad para adoptar los cuatro acuerdos, pero si somos capaces de vivir con ellos, nuestra vida se transformará de una manera asombrosa (Dr. Miguel Ruiz).

AUTODIAGNÓSTICO (preguntas para reflexionar)

—¿Eres claramente consciente al respecto de con qué intención acudes a las conversaciones?

—¿Recuerdas algún episodio en el que tus intenciones conversativas no fuera buenas?

—¿Eres impecable con tus palabras?

—¿Consigues evitar hacer suposiciones?

—¿Logras no tomarte nada (ni los comentarios malos ni los buenos) personalmente?

—En tu rol de conversador ¿haces lo máximo que puedes?

— 4 —

NUESTRA MENTE Y CUERPO ESTÁN CONECTADOS CON NUESTRAS CONVERSACIONES

En este capítulo te planteo un viaje de ida y vuelta junto con nuestra gran protagonista: la conversación. Nos vamos de viaje muy cerca, a visitar a nuestro cuerpo y cerebro para saber qué tal se llevan con ella.

El viaje de ida vamos a intentar demostrar cómo nuestras conversaciones contribuyen a hacer que nuestra mente se transforme. En el viaje de vuelta te propongo el camino inverso: evidenciar cómo nuestro cuerpo nos advierte de cuál es el rumbo al que se dirige una conversación en función de los cambios que seamos capaces de observar en él.

«La buena conversación es la fábrica de ideas más extraordinaria que tenemos a nuestro alcance, la herramienta más poderosa para transformarnos, llevar una idea emocional plena y ser mejores personas», escribe Mariano Sigman en su libro *El poder de las palabras*. Añade que las palabras tienen «el poder privilegiado de cambiar aspectos tan distintos de nuestra mente como el razonamiento, las decisiones, las creencias, la memoria, las ideas y las emociones»

Nos será fácil comprobar el gran poder de la conversación cuando gracias a ella facilitamos que nuestra mente se abra y por ella discurran nuevas posibilidades que antes del intercambio de ideas desconocíamos. Es posible que también reconozcamos que a algunos momentos críticos de nuestra vida les hubiera venido bien algo más de conversación y que sin ella nos resultó más difícil o imposible solventar problemas a los que nos hemos enfrentado.

Tanto mis grandes fracasos como algún éxito tuvieron lugar en la conversación. De los buenos momentos, recuerdo, por encima de otros, algunas conversaciones inolvidables con mis hijos. Tengo tres, de treintaitrés, veintinueve y veintiséis años cuando escribo estas líneas. Tener la sensación de haberles apoyado en algún momento difícil, haber contribuido a abrir una posibilidad que ellos no veían hasta nuestro intercambio de palabras o haberles contagiado alguna buena costumbre para sus futuras conversaciones me hacen sentirme satisfecho y muy bien.

Entre mis numerosos fracasos, destaco mi poca inteligencia en el uso de las palabras dejándome llevar por mi firme e infantil intención de decirle a mi interlocutor lo que sentía sin atender a las consecuencias de mis afirmaciones. Esos momentos de mucha visceralidad y nula inteligencia me han causado evitables trastornos profesionales y personales de los que hoy, con el paso del tiempo, me arrepiento y no tengo ningún pudor en decir que si pudiera los eliminaría y daría marcha atrás.

El **pensamiento crítico** es un concepto clásico que se ha convertido en un objetivo educativo contemporáneo. Las madres y padres han convertido el «pensar bien» en un deseo principal para que sus hijos puedan desenvolverse en la vida. Los educadores consideran que la conversación es probablemente, más que nunca, la principal herramienta educativa o al menos una herramienta educativa diferencial; niños y niñas tendrán más o menos recursos en función de lo «bien conversados» que estén. Cuantas más buenas conversaciones hayan mantenido, más habrán desarrollado su flexibilidad mental, curiosidad, atención, así como interés en descubrirse a sí mismos.

Por el contrario, son muchos los jóvenes que, habiendo podido acceder a todo tipo de ventajas por su condición social, se han ido convirtiendo en personas con dificultades de relación con su entorno y consigo mismos. El déficit conversativo es una de las causas de ese fracaso educativo; si sus adultos de referencia hubieran dedicado tiempo, cariño e inteligencia conversando con sus hijos es muy probable que el problema que ahora afrontan se hubiera minimizado o no existiera.

La **buena conversación** es la mejor herramienta para desarrollar la habilidad de pensar bien. Recalcamos buena conversación porque no son todas las conversaciones las que merecen ese adjetivo. A modo de ejemplo, algunas conversaciones en grupo nos demuestran cómo podemos ser condicionados gregariamente a respaldar una opinión de la que nadie se atreve a discrepar:

Recomendación para conversadores

¿Has participado en alguna reunión de trabajo en la que todas las personas apoyabais una determinada decisión, aunque más de uno sabíais que esa decisión era equivocada?

¿Te has callado en alguna ocasión para no ser la mosca cojonera y fastidiar el consenso del grupo?

A ese fenómeno, el de asumir la opinión del grupo, sabiendo (o creyendo) que es equivocada, se le llama *group thinking* o pensamiento grupal. Los integrantes del grupo sacrifican su autonomía intelectual en beneficio del consenso colectivo. Lo más habitual es que la idea haya sido promovida por quien lidera el grupo, lo cual es un incentivo para seguirle y no contradecirle.

Supongamos una reunión en la que el jefe o la jefa expone una solución para un problema determinado. Algunos de los que acuden a la reunión saben que la solución es equivocada pero también saben que si exponen su discrepancia van a ser mal vistos por quien ostenta el poder. Optan, por lo tanto, por apoyar, quizás con su silencio, la decisión planteada, aunque se trate de una en la que no crean o no confíen.

¿Por qué ocurre este fenómeno?

Por un liderazgo equivocado poco abierto a opiniones diversas.

Por miedo a expresarse libremente por temor a las consecuencias.

Si eres jefe o jefa y provocas el *group thinking*, piensa todo «el cerebro de tus colaboradores» que te estás perdiendo en forma de ideas y propuestas.

Si eres un empleado y te da miedo expresarte, piensa lo triste que es no poder aportar tus ideas. Lo aconsejable sería vencer ese miedo, que en ocasiones es imaginario, o buscar otro destino profesional.

Tomar conciencia del poder de la buena conversación y cómo este puede ayudarnos a moldear nuestra mente, es un disfrute al que, habitualmente, no accedemos. Esta toma de conciencia que te propongo no es aplicable a todas nuestras conversaciones (nos volveríamos locos). Cuando lo hagamos observaremos cómo nuestra mente es capaz de variar su óptica gracias a las aportaciones que nuestros interlocutores hacen.

Para que esto ocurra deberemos ser flexibles mentalmente. Se trata de que nuestra mente no nos aprisione en nuestras opiniones iniciales («yo siempre he pensado así y no voy a cambiar de opinión»), sino que, por el contrario, la mente sea libre y capaz de pensar que pueden existir otras alternativas mejores a la que exponemos en nuestro razonamiento inicial. Así estamos conscientemente preparados para cambiar de opinión, no nos parece censurable empezar opinando X y con nueva información cambiar y opinar Y.

—¿A dónde vas? —me pregunta un amigo con el que me encuentro en la calle.

—Voy a ver la exposición «Almodóvar en Madrid», una retrospectiva sobre la presencia de la ciudad en sus películas —le contestó.

—No he visto una sola película de Almodóvar, es una persona que no me gusta porque está siempre con el Gobierno y hace cosas diferentes a las que dice.

—¿Vas al cine en función de la política? —le pregunto con humor, mi amigo y yo nos llevamos muy bien, somos incapaces de hacernos daño.

—No voy a ver una película suya, me niego —concluye.

No se puede progresar sin cambiar y aquellos que son incapaces de cambiar de opinión no pueden cambiar nada (George Bernard Shaw).

Escribe Mariano Sigman que «una mente maleable es un poder que nos lleva a hacer cosas que parecen imposibles; desde las más nimias hasta las gestas más extraordinarias». Una afirmación que nos conduce a hacer esta...

Recomendación para conversadores

Valora a las personas que son capaces de cambiar de opinión y no las critiques. No utilices como argumento incriminatorio «tú dijiste» y muestra interés por el posible cambio de criterio «¿Qué es lo que te ha hecho cambiar de opinión?».

Afrontemos la conversación como una oportunidad para mejorar nuestros conocimientos, opiniones, como una fuente de enriquecimiento para nuestra mente.

Hay personas muy seguras de sus argumentos, personas «con opiniones extremas que suelen confiar mucho en sus respuestas». Todos conocemos o nos podemos reconocer en esa extrema confianza que nos impide modificar nuestra creencia, lo que constituye una autolimitación. Temas como la ideología política, valores, temas sociales son caldo de cultivo para este tipo de pensamiento extremo. Sigman nos habla —en contraposición— de «los grises», personas que dudan porque no confían tanto en sus argumentos y, por lo tanto, no los defienden con seguridad. También nos habla de una «especie» infrecuente, «los grises de alta confianza», personas que aceptan que los dilemas morales pueden traernos contradicciones con buenos argumentos de un lado y de otro, al tiempo que tienen y muestran gran seguridad cuando exponen sus argumentos. Son estos grises de alta confianza los que «hacen que se pongan de acuerdo personas con ideas opuestas». Personas que han entrenado su mente para ser flexible, para entender perspectivas diferentes y son capaces de extraer las mejores ideas, aunque sean de posturas enfrentadas, incluso aparentemente irreconciliables.

Recomendación para conversadores

Kant consideraba que el número máximo de personas para mantener una conversación es ocho.

Quizás ocho sea un número adecuado para una reunión de trabajo, muchos para una conversación sobre el futuro profesional de tu hijo. Dos sería el número ideal para arreglar alguna discrepancia con tu pareja, tres en el caso que hayáis acudido a un terapeuta.

Quizás ocho sea el número máximo para que la conversación fluya en una reunión de amigos, si pretendemos que todos participen e interactúen y no se formen conversaciones paralelas.

¿QUÉ LE OCURRE A NUESTRO CEREBRO CUANDO NO CONVERSAMOS?

Sigman nos advierte que «estar solo es no tener con quien hablar», con quien conversar. Es decir, que estar acompañado no es estar con alguien al lado, sino es estar con alguien que nos proporcione un estímulo en nuestro cerebro que nos anime a interactuar, a participar de una relación. A medida que nuestra sensación de soledad —de no tener con quien conversar— avanza, nuestras funciones cerebrales que regulan la cognición social se deterioran. «La soledad convoca a la soledad».

Se nos advierte que la ausencia de conversación es posible causa de fallos en nuestro sistema inmune, en la presión arterial, incluso en los genes. Tenemos más posibilidad de padecer depresión, ansiedad y otros trastornos relacionados con nuestra conducta y salud mental. En el libro *El cerebro que cura* se nos advierte que «la soledad es tan perjudicial para la salud como fumar quince cigarrillos al día, estar obeso o no hacer ejercicio. Sentirse solo es totalmente individual. Hay gente que está sola pero no se siente sola». Desconozco cómo se establecen y se pueden comparar la soledad y el tabaquismo. Los tres autores del libro —neurólogos y psicólogos— nos transmiten, en cualquier caso, la certeza de que la ausencia de conversación trastorna nuestro cerebro.

¿QUÉ OCURRE A NUESTRO CEREBRO CUANDO CONVERSAMOS BIEN?

Cuando nuestra salud mental se deteriora, la buena conversación nos puede conducir por una nueva senda. Una sola conversación con un profesional de la conversación —un buen psicólogo o *coach*— puede ayudar a nuestro cerebro a encontrar la salida del laberinto donde estamos metidos. Es una demostración empírica que cada día viven decenas de miles de personas en el mundo. Esa conversación les alivia, les ayuda.

El poder de la buena conversación es ayudar y ser ayudado.

Recomendación para conversadores

Tener confianza en la conversación para ser ayudados y poder ayudar es tener confianza en nuestra humanidad, en la humanidad.

Para ser ayudados necesitaremos alguien en el que confiemos que sepa ayudar y tenga la predisposición a ayudarnos. Parece obvio, pero quizás sean muchas las conversaciones que se frustran porque nuestro interlocutor no sabe ayudar. No es que sea mala persona, es que saber ayudar es una habilidad que no se adquiere de manera innata.

Si queremos ayudar, utilizaremos el silencio, la pregunta y la inteligencia como nuestros aliados.

Frases como «ya verás como todo se soluciona», «Juan también lo tuvo y se ha curado», «Sé cómo te sientes» hieren por su vacuidad. La persona que necesita ayuda tiene un dolor o sufrimiento único que merece ser atendido como tal.

Nos es fácil ser totalmente consciente de lo mucho e interesante que ocurre en nuestro cerebro cuando conversamos bien. Quizás seamos capaces de reconocer esa sensación universal de satisfacción cuando dos personas son capaces de hablar y escucharse con atención, amabilidad y cariño. En esos instantes que todos hemos vivido en algún momento, nos reivindicamos como humanos dado que ponemos en práctica esa conexión única que nos distingue como especie. «La conversación que me interesa es esa que comienza con la voluntad de que se produzca una transformación en tu persona, por pequeña que sea», escribe Theodore Zeldin en su delicioso ensayo *Conversation*. Zeldin dice que cada época cambia el contenido de sus conversaciones y en esta que nos ha tocado vivir «se necesita una nueva ambición de convertir la charla en conversación, esa que consigue el cambio en las personas. La conversación nos permite cambiar la forma de ver el mundo y de esa manera las conversaciones logran también cambiar el mundo». Una gran frase que nos estimula para hacer uso del gran poder que tiene la buena conversación.

> Me gusta viajar, conocer nuevos sitios. Me gusta mucho más saber de la gente que de los museos, los restaurantes o sobre la historia del lugar.
>
> Hago todo lo posible por encontrar una forma de iniciar la conversación. Este año fuimos a Trosa, un pueblo al sur de Estocolmo (Suecia), donde no encontramos a ningún español. Todos los días me presentaba con un elocuente: *I'm spanish* a personas con las que nos íbamos encontrando. A partir de allí, recuerdos de visitas a España, chapurreos en nuestra lengua, felicitaciones por haber ganado la Eurocopa, curiosidad por el calor de nuestro país. Y yo preguntaba por su vida, costumbres; esas conversaciones me permiten escuchar historias que me parecen enriquecedoras e interesantes.

> Curiosamente, establecer conversaciones con personas locales es uno de los objetivos que la OMT (Organización Mundial del Turismo) propone para hacer turismo sostenible según escuché en el pódcast *El Orden Mundial* (EOM). Al parecer, la ausencia de contacto entre los turistas y la población local hace imposible la integración de los primeros. No deja de resultar paradójico, quizás preocupante, que uno salga de vacaciones y no tenga interés por conocer a la gente del sitio en el que está. Según dice los expertos, el paradigma de ese tipo de turismo son los cruceros en los que los foráneos apenas conversan con locales.

Una clave para que la conversación fluya y le siente bien a nuestro cerebro es la confianza. La confianza hace que nos relajemos, que estemos menos pendientes de lo que queremos representar y más centrados en dejarnos llevar por la interacción con otra persona. ¿Puedes reconocer ese glorioso momento en el que sentimos un gran placer con la mera conversación? Por el contrario, en ocasiones los sucesivos conflictos con nuestro inicial «círculo de confianza» —cónyuge, hijos, madres, compañeros de trabajo, etc.— han teñido de desconfianza nuestra relación, aunque el cariño y el amor permanezcan.

Recomendación para conversadores

«Es verdad», quizás te estés diciendo, «no tengo confianza suficiente con mi pareja, con mis hijos o con unos amigos. Con algunos de ellos tengo un cierto nivel de alerta por quedar bien, no pasar por tonto o para que no me pillen en un renuncio».

Lo deseable es trabajar la confianza con esas personas, pero el temor a ser enjuiciado en el presente o en el futuro, el mutuo conocimiento de determinadas zonas de conflicto que preferimos evitar (minas conversativas), las suposiciones que hacemos y nos hacen de las preguntas que planteamos o nos plantean…, todo eso imposibilita la plena confianza.

En cambio, podemos encontrar entre nuestros conocidos a amigos a los que podemos contar nuestras dudas vitales, intimidades, con la plena seguridad de ser escuchado, atendido y no enjuiciado. Son amigos que, además, saben preguntar y comentar con prudencia.

La búsqueda de esas personas a las que nos podemos confiar es una vía para la terapia conversativa. En mi caso, cuento con algunos (pocos) amigos y amigas con los que sé que puedo tener esa confianza y ellos saben que pueden también confiar en mí. Saber que tengo personas en las que confiar es un gran alivio y un estímulo para conversar sin restricciones.

«Cuando somos nosotros los que recibimos la confianza de otro nuestra misión es hacer cosas que en apariencia son simples, pero que escasean: no juzgar, no recluir al otro en su pasado, dedicarle tiempo, ser consciente de que sus dificultades serán largas y que estamos aquí para escucharle y preguntarle con interés sincero para invitarle a una reflexión conjunta». (Esta última frase está inspirada en el libro *Encontrarse* de Charles Pepin).

Las conversaciones en las que sintamos plena confianza van a permitir que nuestro cerebro se apacigüe y que nuestro cuerpo también responda inmediatamente de forma positiva. Necesitamos de esas conversaciones que van a tener efectos nutritivos para nuestro bienestar. Es importante que tomemos la decisión de hacer lo posible por conseguir tener esas conversaciones desinhibidas e intelectualmente provechosas.

> Uno de mis grandes amigos de conversación es Miguel. Llevamos veintisiete años conversando, unas tres veces al año. Los dos acudimos sabiendo que nuestro encuentro —siempre un almuerzo— va a ser un éxito. Nos lo contamos todo, no tenemos nada que perder, todo que ganar, nada que ocultar. Miguel nunca me va a decepcionar y tampoco creo que yo pueda decepcionarle. Los dos nos damos lo que necesitamos, unas

horas de escucha, de atención por el otro. Ofrecemos lo mejor de nosotros mismos y de esa voluntad no pueden salir más que cosas buenas. Confío plenamente en Miguel, en sus recomendaciones sabias y prudentes. Jamás utilizará un imperativo o un «deberías», un «tienes que». Bien al contrario, utilizará un «quizás puedas», «lo digo sin tener toda la información». Claridad y humildad, la combinación perfecta para que nos sintamos a gusto el uno con el otro.

La conversación entre personas puede proporcionar un estímulo positivo en nuestro cerebro como hemos tratado de demostrar. Pero también dos o más personas pueden juntarse para producir en su encuentro algo negativo. Simone Weil escribió con solo veintisiete años (murió a los treintaicuatro) un breve ensayo bajo el título *El poder de las palabras*, el mismo título que décadas después ha utilizado Mariano Sigman. Weil escribe una dura descripción de los encuentros entre seres humanos: «Quien invente un método que permita a los hombres reunirse sin que su cabeza se apague, producirá en la historia humana una revolución comparable a la que le aportó el descubrimiento del fuego». Somos capaces de lograr que nuestra mente reaccione de la mejor y peor manera a través de las interacciones/conversaciones con los demás. «¿Por qué solo el hombre es susceptible de convertirse en un imbécil?», se pregunta Charles Pepin. El filósofo francés nos hace ver que «estamos menos sometidos al instinto que los animales y eso nos da una ventaja para avanzar y también para retroceder».

Te propongo iniciar el viaje inverso, que nos permitirá conocer la información que nuestro cuerpo nos ofrece para ponerlas al servicio de nuestras conversaciones. Nazareth Castellanos nos advierte que «estamos más habituados a dar más protagonismo al intelecto que a la sensación del cuerpo. Pero, paradójicamente, solo esas sensaciones corporales nos pueden guiar en el laberinto de las emociones».

Tomar conciencia del cuerpo cuando estamos conversando nos va a ayudar en la toma de decisiones. Hay investigaciones que revelan que aquellas personas con mayor conciencia corporal toman decisiones más acertadas y esto también es aplicable a nuestras interacciones con los demás. «El cuerpo nos dice dónde ir, nos dice dónde estamos. El cuerpo conoce aquello de lo que la mente aún no se ha percatado», leemos en *Neurociencia del cuerpo.* Es decir, tomar conciencia del cuerpo nos aporta un grado más de sabiduría en nuestras conversaciones. Haciendo caso a las señales de nuestro cuerpo seremos capaces de analizar y producir un breve silencio (será imperceptible para los demás) y, a continuación, hablar con la inteligencia puesta al servicio de las palabras.

Recomendación para conversadores

Todo cambia si logramos escuchar nuestro cuerpo en determinados momentos y conseguimos que esa escucha se convierta en un hábito.

Supongamos que estamos en una conversación en la que se plantean opiniones contrapuestas con relación al cuidado del medioambiente.

En un momento dado uno de los interlocutores interpela con falta de tacto, sin apelar a ninguna razón: «Que le den por culo al medioambiente».

El otro interlocutor es una persona sensibilizada con el cambio climático al que esta afirmación tan poco fundamentada le produce cierto enfado. Esa emoción aparece inmediatamente en su cuerpo —un leve acaloramiento, aumento de las pulsaciones y una situación de tensión.

Si no reconoce esa alerta es posible que conteste enfrentándose, con un tono desabrido. Por ejemplo, esta sería una respuesta irónica y agresiva acompañada de una cara que expresa estar sulfurado (leer gritando, enfadado): «Eso, que le den por culo al medioambiente. Se ve claramente que te gusta argumentar con buenas razones sobre un tema que nos afecta a los demás, pero a ti, el listo de la clase, no. A ti te importa una mierda, ¡maravilloso!».

En cambio, siendo capaz de reconocer la alerta de su cuerpo, sus pulsaciones estarán en su nivel habitual, notará un control mental consciente. En su lenguaje interno se dirá: «no merece la pena que discuta con esta persona, utilicemos el humor. Eso sí, con una pequeña carga irónica». «¡Claro! Eso es lo que hay que hacer con el medioambiente, darle por culo, di que sí», ofreciéndole una sonrisa abierta y mirando a sus acompañantes que, probablemente, se sientan abochornados.

La información que le he aportado el cuerpo le ha permitido decir prácticamente lo mismo, pero despreciando de forma elegante la displicencia por el medioambiente de su interlocutor.

Nazareth Castellanos nos hace saber que «el cuerpo sabe aquello de lo que la mente no se ha dado cuenta. Las sensaciones del cuerpo anteceden a la expresión de la emoción en segundos». El cuerpo nos alerta de posibles secuestros emocionales que nos pueden conducir por actuar de una forma indeseable.

> Desde que he conseguido interpretar la información que el cuerpo me proporciona durante las conversaciones, he sido capaz de utilizar palabras, velocidad y tono más adecuados. No siempre lo consigo, es entonces cuando se hace más probable que las cosas no salgan bien.

Conectar la información del cuerpo con el cerebro y este, a su vez, con las palabras, nos permitirá conversar mejor. Conversar bien es vivir y hacer vivir mejor.

AUTODIAGNÓSTICO (preguntas para reflexionar)

—Cuando estás en medio de una buena conversación, ¿percibes que supone un estímulo positivo para tu cerebro?

—¿Crees que la conversación puede ayudar a personas que sufren una soledad no deseada?

—¿Te gustaría tener más buenas conversaciones que te ayudarán a desarrollar ideas, elaborar pensamientos y mejorar tus reflexiones?

—¿Notas la conexión entre cuerpo y cerebro cuando hay algo que te altera?

—¿Puedes o podrías tomar en consideración una señal de tu cuerpo para modificar el rumbo de una conversación a través de una decisión tomada con tu cerebro?

—¿Estás de acuerdo con la frase de Simone Weil? («Quien invente un método que permita a los hombres reunirse sin que su cabeza se apague, produciría en la historia humana una revolución comparable a la que le aportó el descubrimiento del fuego»).

— 5 —

DESARROLLAR LA CAPACIDAD DE «VER» DESDE VARIAS PERSPECTIVAS

Toda visión es, esencialmente, perspectiva, como también lo es todo conocimiento (Friedrich Nietzsche).

Dice el filósofo José Antonio Marina que le sorprende negativamente la respuesta de sus alumnos a una cuestión que él plantea en clase: ¿son todas las opiniones respetables? Al parecer hay algunos alumnos que dudan y hay otros que consideran que «sí, todas las opiniones son respetables». Para el gran filósofo esa contestación es una desfachatez, sobre todo proviniendo de alumnos con años de estudio, que deberían saber que «no, no todas las opiniones son respetables».

David Saavedra es un exmilitante de grupos nazis españoles. Además de la indeseable ideología de estos grupos, sus integrantes tienen un comportamiento muy agresivo, intimidante. La gran mayoría de la sociedad repudia a este tipo de individuos cuyas ideas consideran que no deben ser respetadas.

Mientras David Saavedra formó parte de los grupos nazis era consciente del rechazo que sus ideas y comportamientos provocaban. Lejos de desincentivarle, ese alejamiento social reforzaba su sensación de que su afiliación era la correcta y los demás éramos los equivocados.

El punto de inflexión que motivó que David saliera de los grupos nazis fue que alguien tomó interés por sus ideas, no mostró rechazo por ellas. Se trataba de la primera persona ajena a los grupos nazis que tenía interés real y sincero por las razones que le habían llevado a militar. Es esa primera conversación en la que fue tratado con un inusual respeto por una persona fuera de su grupo la que le condujo a una reflexión sin la que, probablemente, no hubiera salido de la violencia y la alienación.

A diferencia de José Antonio Marina, creo que todas las ideas deben ser tratadas con respeto porque ese es el único camino que nos permite conseguir establecer un diálogo para intentar comprender al otro, argumentar, invitar a la reflexión y, en su caso, convencer o convencerse.

Conseguir «ver» desde la perspectiva de nuestros interlocutores mejorará nuestra actitud de interés por el otro, ampliará radicalmente nuestra comprensión del ser humano y reducirá las posibilidades de malos conflictos. El descubrimiento de «ver» desde la perspectiva de los demás es una vivencia personal, intransferible y depende de la disposición de cada uno.

«No sabemos cómo las cosas son. Solo sabemos cómo las observamos o cómo las interpretamos. Vivimos en un mundo interpretativo». Este es el primer principio general de la «ontología del lenguaje» según Rafael Echeverría. Asumir ese principio requerirá una gran humildad. No en vano, aquello que «vemos» tan claro, lo vemos como si se tratara de una realidad incuestionable. Asumiremos que lo que creemos de forma tan indiscutible se trata de una observación que nosotros hacemos desde nuestra perspectiva influida por múltiples factores. Nuestra observación será, ¿por qué no?, tan válida como la de otra persona con una opinión o visión discrepante a la nuestra.

«No nos damos cuenta de cómo los sistemas a los que pertenecemos nos hacen ser como somos. El sistema social constituye al individuo, del mismo modo en que el individuo constituye el sistema social», escribe Echeverría. Nuestra mirada está condicionada por muchos elementos: lugar de nacimiento, educación, entorno, lecturas, conversaciones, amigos, cómo nos ha ido en la vida.

Las opiniones sobre los temas más candentes pueden ser antagónicas entre personas que tienen diferentes ideologías, experiencias o consumo de medios de comunicación. ¿Cómo gestionar la inmigración? ¿Debemos subir o bajar los impuestos? ¿Debe ser el horario escolar continuado o partido? ¿Es mejor una educación mixta o diferenciada por sexos? ¿Aborto sí o no? ¿Dios existe? ¿Es la Iglesia una institución respetable? ¿Es Almodóvar un gran director de cine? ¿Es Trump un loco o un visionario? Son unas pocas de las muchas preguntas que generan un debate a veces polarizador y cuyas contestaciones afectan a nuestra manera de vivir y convivir. Dependiendo a quien le preguntemos obtendremos respuestas diferentes. Sin la habilidad para «ver» desde la perspectiva del otro, nuestra conclusión es que nuestras razones son buenas y las de nuestro interlocutor son erróneas. Siendo así, será fácil que lleguemos al enfrentamiento, a etiquetar a la otra persona con cualquier adjetivo peyorativo —fascista y comunista son dos de los más habituales cuando se trata de discusiones políticas— que nos impida el avance en la conversación. Cualquiera de las preguntas antes formuladas tiene respuestas que, siendo contradictorias entre sí, pueden estar muy bien razonadas. A modo de ejemplo, creo que podemos afirmar que los proabortistas y lo antiabortistas tienen, ambos, muy buenas razones. Solo si somos capaces de «ver» el dilema desde la perspectiva de cada uno de ellos, podremos entender sus razones y, por lo tanto, en la discrepancia podremos convivir. Tanto los creyentes —normalmente antiabortistas— como los ateos —con una tendencia más proaborto— esgrimen argumentos que para ellos son definitivos. Ninguno merece ser despreciado y todas las personas que defiendan sus posturas con honestidad, argumentos razonados y expuestos de forma respetuosa merecen nuestra consideración. El reto conversacional es entender los juicios de las personas desde su perspectiva para que desde allí —desde esa perspectiva— podamos intentar establecer la conversación e intentar acercarnos o aceptar que estamos «viendo» un mismo suceso o debate desde un sitio o desde otro. Un «voy a tratar de verlo desde tu perspectiva» puede ser una buena manera de expresar nuestra voluntad y así pedir un permiso implícito para hacer preguntas que nos ayudarán en ese recorrido.

En 2022 mi mujer y yo tomamos la decisión de donar durante cuatro años una vivienda que había pertenecido a mi madre. Anteriormente la habíamos alquilado durante seis años y en ese momento se había quedado vacía. El beneficiario de la donación fue (y sigue siendo cuando escribo estas líneas) la fundación ASION (Asociación Infantil Oncológica de Madrid). Gracias a esa donación, el piso heredado de mi madre da cobijo a familias de fuera de Madrid cuyos hijos están hospitalizados durante días, semanas e incluso meses. Cuando nuestra donación echó a andar, comuniqué por carta a todos los vecinos de la finca el destino que habíamos decidido dar al piso. Algunos vecinos nos llamaron conmovidos por la generosa acción y otros instaron al administrador para que convocara una junta extraordinaria para debatir la conveniencia o no de esa decisión. Acudí a la reunión para explicar el contenido del acuerdo. Algunos vecinos se mostraron muy contrarios a la idea. El principal argumento que esgrimían era una cuestión de seguridad. Parte de los vecinos que eran favorables a nuestra donación se mostraron muy duros con los que se oponían y los tildaron de «faltos de humanidad», «egoístas».

Gracias a conocer y haber interiorizado el primer principio general de la ontología del lenguaje (no sabemos cómo las cosas son, solo sabemos cómo las observamos o cómo las interpretamos, vivimos en un mundo interpretativo) traté de entender la posición de los vecinos, la mayoría de ellos de avanzada edad. Desde su perspectiva esa cesión a la fundación supondría un cambio en la dinámica habitual del edificio. Ellos no sabían a ciencia cierta qué tipo de familias iban a llegar a su bloque, temían que hubiera más personas con acceso a la llave del portal. Todo ello configura una perspectiva —incertidumbre, posible inseguridad— que me resultó fácil de «ver» sin necesidad de etiquetarles. Les hice saber que entendía su perspectiva y me comprometí a hablar con la fundación para resolver cualquier problema que pudiera ocurrir. Todo ha funcionado de maravilla. Dos años después, algunos de los vecinos más beligerantes son los más activos en el cuidado de las familias que se alojan en nuestro piso, llegando a establecer vínculos de amistad con madres y padres que están pasando por un momento muy difícil.

Entre todos los vecinos hubo una nota discordante. Una vecina opositora al acuerdo me interpeló de forma agresiva durante la reunión:

—¿Y lo donas sin cobrar nada de alquiler?

—Sí, así es —le respondí.

—Ya, ya, vamos que lo dais gratis —me dijo utilizando un tono irónico, mostrando su incredulidad.

—Me das pena —le dije con sinceridad y tranquilidad. «Veía» desde la perspectiva de esa mujer que la bondad, el altruismo, no cabía en su esquema de valores. No me alteré, solo me cabía lamentar su forma de ver la vida.

Encerrarnos en nuestra limitada perspectiva nos puede hacer sufrir. Supongamos que esperamos algo de alguien y ese algo no se produce. Incluso puede ser que entendamos que la persona en cuestión no está cumpliendo con una promesa que nos ha hecho. O pudiera ser que lleguemos a la conclusión de que nuestro interlocutor tiene la información suficiente para actuar de la forma que pensamos que es la correcta y no lo está haciendo. En ese caso, es posible que interpretemos que tiene mala voluntad. «No es que no sepa, es que no quiere», nos decimos, valorando negativamente su actuación. Todo nuestro proceso mental es una suposición. Probablemente estemos encolerizados. Esa frustración —creer que se ha incumplido una promesa y que se ha hecho adrede— nos hace sufrir y generar un resentimiento. Si no ponemos en marcha el poder de la buena conversación para darnos la oportunidad de entender cuál es la perspectiva de la persona que —inicialmente— nos ha defraudado, la relación puede peligrar.

Recomendación para conversadores

Tratar de ver desde la perspectiva de los demás es útil para muchos momentos de nuestra vida. Si solo sabemos «ver» desde un punto de vista —el nuestro— podemos llegar a pensar que todos deberían «ver» desde allí y así convertiremos a nuestras conversaciones en actos de pensamiento monolítico.

Te propongo dos escenarios diferentes y comunes (sin nada común entre ellos):

El restaurante:

—¿Qué te parece si pedimos ostras? Tienen una pinta excelente.

—No me gustan las ostras, lo siento, si quieres pídelas para ti.

—¿Cómo no van a gustarte las ostras? ¿Las has probado?

—Sí, las he probado en varias ocasiones y no me gustan.

—No puedo entender cómo no te gustan las ostras, es incomprensible.

La cama (al finalizar una relación sexual):

—Ha estado de maravilla! ¿Te ha gustado?

—A mí me gusta más lento.

—Pero… si hemos ido muy lentos.

—Te he contestado a la pregunta sobre si me ha gustado y te he contestado.

—Y me has dicho que te gusta más lento, y es que casi no podemos ir más lentos.

En los dos casos se produce una frustración.

Interiorizar que cada uno tenemos nuestra perspectiva se convertirá en una fortaleza en nuestras conversaciones y aumentará nuestro bagaje personal.

Ser capaces de «ver» desde diferentes perspectivas no es una cuestión obvia. Hay muchas personas a las que ver desde otro punto de vista que no sea el suyo les resulta incómodo, innecesario y difícil.

«Toda acción revela el tipo de ser que la ejecuta», escribe Rafael Echeverría. Quien actúa manteniéndose firme, inflexible, sin interés en modificar su perspectiva para poder entender a los demás, nos habla de una persona cuya visión es absoluta y maniqueísta. Solo hay dos posibles opiniones: la mía y la falsa.

«Movernos» de perspectiva es un ejercicio al alcance de nuestra práctica diaria. Si la persona con la que estamos conversando nos plantea una idea «descabellada» intentemos entender cómo ha llegado a ese razonamiento, sus argumentos. Nos va a mejorar la comprensión y quizás facilitar el acercamiento. Conversando descubrimos puntos en común que serían imposible encontrar enconados en nuestras razones.

El camino hacia uno mismo para por los otros (Charles Pepin).

Es, por tanto, nuestra perspectiva la que fabrica los juicios que creemos y que manifestamos cuando estamos conversando con alguien. Esos juicios los tenemos interiorizados. Nos cuesta reconocer qué influencia hemos tenido para hacernos ver el mundo cómo lo vemos. Como escribíamos hace unas líneas, «no nos damos cuenta de cómo los sistemas a los que pertenecemos nos hacen ser como somos». Es razonable que quienes provengan de otro sistema al nuestro puedan tener observaciones diferentes a las nuestras. Pudiera ser que ambas hayan sido forjadas en la educación que hemos recibido en casa. Todo esto parece lógico cuando lo leemos, pero la realidad es que la gran mayoría de los problemas de comunicación se crean por nuestra incapacidad de trasladarnos al punto desde el que el «otro ve». Si lo consiguiéramos, podríamos al menos entender lo que a uno y a otro nos ha hecho construir narrativas discrepantes sobre un mismo asunto de debate o suceso.

Esta capacidad, la de «ver» desde varias perspectivas, nos hará evolucionar la forma de valorar al interlocutor pasando del «no entiendo cómo puede opinar eso» al «opina eso porque...».

«No entiendo cómo se puede opinar eso» presupone una posible maldad, equivocación absoluta e invalidación de la opinión del interlocutor. «Opina eso porque...», es una declaración de interés por el otro, pretende investigar y entender los orígenes de esa opinión. Así elaboraremos argumentos más a medida de cada interlocutor y no acudiremos a todas las conversaciones un mismo argumentario.

¿Podemos afirmar que es indeseable y atroz el hombre que considera la ablación del clítoris como algo normal? O entendiendo su perspectiva —es una tradición incuestionable para él— ¿podemos tratar de hacerle ver el progreso que supondría abolir esa tradición? ¿Hay alguien que crea que tendría las mismas ideas que hoy tiene si hubiera nacido en un continente distinto con valores y tradiciones muy diferentes?

«Ver» un tema desde varias perspectivas nos va a ayudar a mejorar nuestros razonamientos y a adquirir flexibilidad mental. Gracias a «ver» más, seremos capaces de cambiar de opinión con más frecuencia porque hemos ampliado y mejorado la información de la que disponemos. «Las personas que piensan, cambian su forma de pensar», dice Fernando Savater. Es decir, las personas que jamás cambian de opinión son personas que no piensan según el filósofo y amante de la conversación. El pensamiento debe evolucionar, se transforma con el paso de los años, con la adquisición de nuevas experiencias y conocimientos. «Ver» desde diferentes perspectivas nos ayudará definitivamente a ello.

Mensaje para conversadores

Te propongo que distingamos la diferencia entre afirmaciones y juicios. Afirmación es un dato, juicio es la forma cómo interpretamos ese dato o un suceso determinado.

> Afirmación: Donald Trump fue el 45.º presidente de los Estados Unidos.
> Juicio: Fue una desgracia que Donald Trump fuera presidente de los Estados Unidos.

> Afirmación: En 2023 llegaron a España 56.582 inmigrantes ilegales.
> Juicio: La inmigración supone una amenaza para nuestros valores.

De un mismo dato podemos extraer diferentes juicios. En ocasiones no distinguimos entre juicios y afirmaciones.

Quien convierte sus juicios en afirmaciones puede llegar a considerar que otros juicios discrepantes son tratados como afirmaciones erróneas, dado que su juicio es una verdad absoluta, una afirmación.

La distinción entre juicio y afirmación es vital para poder manejarse en una conversación. En ocasiones nos encontramos con juicios revestidos de aparentes afirmaciones en fuentes aparentemente fiables. Es posible que detrás de cada aparente afirmación haya un juicio que pretende ejercer una influencia sobre la audiencia.

Es recomendable evitar emitir juicios con escasa información. Resulta lamentable hacerlo juzgando personas de las que apenas sabemos nada —por ejemplo, famosos que únicamente conocemos de sus apariciones televisivas— y aún resulta más lamentable juzgar a personas con las que tenemos contacto, sean compañeros, amigos o familiares, y hacerlo de forma precipitada sin molestarnos a entender su punto de vista.

A modo de ejemplo, una relación que puede estar llena de conflictos es la de padres e hijos adolescentes. Los padres tienen expectativas sobre sus hijos que, frecuentemente, estos incumplen. Los padres tienen una perspectiva desde la que se dirigen a sus hijos y estos contestan desde la suya. Los padres quieren imponer su perspectiva haciendo valer su experiencia, su poder y los hijos quieren hacer valer la suya porque quieren ser independientes de la mirada desfasada (a su entender) que se les pretende imponer. Los padres que triunfan en la relación con sus hijos adolescentes son los que preguntan con interés, sin juicio y consiguen entender mejor cómo hablar a sus hijos «viendo» con los ojos de estos. Esto no significa que padres e hijos estén de acuerdo, pero permitirá que la madre o padre sean validados como interlocutores por parte de sus hijos adolescentes. Así se reducirán las situaciones de conflicto innecesarias a las que llegamos por un enconamiento que puede intentar satisfacer al ego pero que es ineficaz.

Nuestra forma de interpretar el mundo revela, en cierta o mucha medida, quiénes somos. Cada uno tenemos una forma de narrarnos el mundo. Ver desde la perspectiva de otras personas es poder entender la novela que cada cual tiene en su cabeza, sin necesidad de calificarla como mejor o peor, solo es diferente.

«Ver» desde varias perspectivas es recomendable para cualquier conversador y debería ser absolutamente imprescindible para aquellas profesiones en las que el interlocutor necesita sentirse acompañado.

Acudí al psiquiatra durante una temporada de mi vida en la que me sentía mal físicamente y desnortado emocionalmente. Sufría arritmias que el cardiólogo diagnosticó como exógenas a mi salud cardiaca y me aconsejó visitar al psiquiatra. Después de una inicial resistencia —consulté a otro cardiólogo— acabé en la consulta de un psiquiatra, y poco después en la de otros dos a los que visité sucesivamente. El primero me habló del pasado —supuestas herencias de la educación recibida— y le argumenté que «no me interesaba el pasado, solo quería solucionar el presente». Temía que si le compraba el argumento de tener una tara proveniente del pasado fuera a refugiarme en algo que ya no tenía solución. Además, me recetó de inmediato *Tranquimazín*, un ansiolítico que no me ayudó en nada. El segundo psiquiatra diagnosticó que mi problema es que «no sabía querer». Me encargó estar más atento a lo que me rodeaba. Salí de la consulta intentando amar a los árboles, fijarme más en las personas con las que trataba. Pero desistí en seguir intentado querer de forma tan artificial, la cosa no funcionaba. El tercero, con el que más veces estuve, me hizo recomendaciones que analizadas con la distancia del tiempo califico como poco científicas y despreciables. El psiquiatra se dedicó a criticar a gente que conocía y, finalmente, desesperado porque no avanzaba con su terapia, me enseñó algunos ejercicios de respiración que fueron los que más me ayudaron. Acudí también a la consulta de una reflexóloga podal y a la de un acupuntor con el que tuve una discusión que provocó que dejara de ser su paciente. A este último terapeuta le pedí que me dijera «por dónde iba la terapia» y él me respondió «esto es como un avión. ¿Acaso le pregunta usted. al piloto por dónde va?», a lo que yo le respondí que si me sentía desubicado en el avión por supuesto que lo haría y añadí que «hay pilotos que nos informan de por dónde vamos sin necesidad de que el pasajero se lo pida», en una clara referencia a su falta de comunicación con su paciente.

Gracias a la recomendación de mi mujer acabé en un centro de yoga. La práctica surtió un efecto positivo en mí de forma casi inmediata. Estaba claro que la conversación conmigo mismo fue mucho más eficaz que la de los terapeutas a los que visité. Llegué a la conclusión de que todos ellos no tuvieron la habilidad de «ver» desde la perspectiva de su paciente y eso hizo que nuestra relación se frustrara. Creo que cualquiera de los cinco terapeutas a los que acudí me habrían ayudado más si se hubieran puesto de verdad en mi lugar. Pero no lo hicieron.

«Buscar primero entender, luego ser entendido» es uno de los hábitos que Stephen Covey nos recomienda en su clásico *Los 7 hábitos de la gente altamente efectiva*. Uno de los ejemplos paradigmáticos que se nos propone es el del padre que dice: «No comprendo a mi hijo. No me escucha». Covey trata de hacerle entender que esa frase es un sin sentido y que si quiere comprender a su hijo es el padre el que debe escuchar. Pero el padre encerrado en su verdad quiere primero ser entendido para después entender.

He preguntado a cientos de personas que han manifestado previamente su acuerdo con la frase «hoy es más difícil conversar» cuál es la razón por la que eso ocurre. La frase más repetida es «porque la gente no escucha». Esa frase rebela que el problema lo tienen los demás, nosotros no formamos parte de él.

Entender o «ver» desde la perspectiva de los demás nos va a exigir interés auténtico. Sin ese verdadero interés, cualquier técnica será, probablemente, percibida como una estrategia manipulativa por nuestro interlocutor.

CASO REAL

A lo largo de mi vida he ido descubriendo errores en mi forma de conversar que confío ir eliminando. La mayoría de esos defectos tenían que ver (escribo en pasado con la esperanza de haber aprendido) con la falta de generosidad y de saber aceptar y entender la perspectiva de los demás. El ejemplo real que te planteo a continuación es una conversación a través del correo electrónico.

Un día cualquiera me acordé sin ninguna razón especial de una persona con la que había perdido el contacto. Le busqué en LinkedIn. Tengo su teléfono, pero al no estar conectado a WhatsApp me hizo dudar de si seguiría manteniendo ese número. Proseguí con la búsqueda hasta que di con la página web de su empresa en la que aparecía su correo electrónico como contacto. Sin esperar un minuto, le escribí un mensaje cariñoso a través del formulario de contacto de la web (al ser un formulario no guardo registro de ese mensaje)

Al día siguiente recibí en mi correo un mensaje:

Hola, Leo:

Gracias por escribirme. Si necesitas cualquier cosa, ya sabes dónde estoy.

Un abrazo,

Juan Luis

En otro momento de mi vida hubiera calificado el mensaje como frío y quizás hubiera decidido dar por zanjada esa relación, sin más. Me habría dicho a mí mismo: «yo le doy cariño, él no me lo da y me contesta displicente, pues que le den morcillas…». Pero ahora tenía verdadero interés por saber qué es lo que le pasaba, cuál era su perspectiva, cómo estaba «viendo» nuestra relación.

Le volví a escribir contestando a su correo electrónico:

Hola, Juan Luis:

Gracias a ti por contestar. Por la frialdad de tu mensaje intuyo que no guardas un buen recuerdo de mí. Se me antoja que algo debí hacer que no te gustara. Te estaría muy agradecido si me hicieras saber de qué se trata para así poder disculparme y corregir. Y si mi intuición no fuera la acertada y hubiera otro motivo, yo también estoy a tu disposición para lo que consideres oportuno. En mi caso, guardo un muy buen recuerdo de ti, admiro muchas cosas tuyas, he disfrutado buenos momentos a lado tuyo (creo que el último en Ciudad Real).

Un abrazo y ojalá que me des la oportunidad de vernos y, si mi intuición es acertada, disculparme debidamente. Eres un hombre juicioso y estoy seguro de que, si algo consideras que he hecho mal, así debe ser.

Leo

Minutos después llegó su contestación. Efectivamente, mi intuición era cierta:

Leo:

Con tu email me vale como disculpa. La verdad es que yo te tenía y te trataba como una persona especial en mi vida, y sí, es cierto, no sentí lo mismo cuando organizaste la feria de tecnología a la que «me invitaste» cobrándome la entrada «que pagué», por cierto.

Quiero gente en mi vida que me aporte «valores».

En cualquier caso, Leo, hacemos borrón y cuenta nueva y pelillos a la mar. Todos cometemos errores en la vida, y yo estoy en el camino de ser mejor cada día, al menos es lo que trato de hacer, muchas veces sin éxito.

Un abrazo fuerte y que tengas buena semana Leo.

Juan Luis

Tanto el nombre como algunos detalles aparecen cambiados para que sea imposible reconocer a la persona con la que he intercambiado estos correos. Escribí otro disculpándome:

Hola, Juan Luis:

Pues, efectivamente, eso no estuvo bien. No tiene disculpa, sin duda. Pero te pido, por favor, que des crédito a que mi ausencia de acción fuera, quizás, atribuible al desconcierto. Esos momentos, los de organizar una feria —como bien sabes— son frenéticos y un detalle tan importante como el que apuntas se me pasó. Mal hecho por mi parte. Te agradezco que hayas compartido tu desencanto conmigo y que me hayas dado la oportunidad de disculparme.

Te envío un abrazo cariñoso y ojalá que no tardemos en volver a reencontrarnos,

Leo

La feria de tecnología a la que hace referencia en su correo se celebró ocho años antes de este cruce de mensajes. El dolor producido por mi error en no invitarle había causado un malestar que nos hubiera alejado definitivamente si no hubiera inferido de su primera contestación la decepción que le había producido. Ahora confío en que volvamos a vernos y seguir disfrutando mutuamente de nuestra compañía. Juan Luis y yo somos personas muy diferentes. Bajo mi perspectiva su enfado es ridículo, infantil. Pero bajo su perspectiva no lo es. Me agrada mucho respetar, valorar su punto de vista que es el que realmente importa y desde el cual redacto mis mensajes. Ser tan diferentes es un excelente motivo para que juntos entendamos de forma más completa al ser humano.

AUTODIAGNÓSTICO
(preguntas para reflexionar)

—¿Crees que todas las opiniones son respetables?

—¿Crees que cambiar de opinión es un menoscabo a la integridad del individuo?

—Cuando alguien expone argumentos contrapuestos a tus creencias o valores, ¿sientes que la persona está completamente equivocada o que su verdad es consecuencia de una perspectiva de la realidad diferente?

—¿Utilizas en alguna ocasión la frase «¡cómo puedes opinar eso!» o similares para expresar tu incredulidad ante la opinión de otra persona?

—¿Distingues entre afirmaciones y juicios? ¿Crees que es una distinción útil para las conversaciones?

— 6 —

COMPROMETERSE A DEFENDER LA CONVERSACIÓN

En el primer capítulo he intentado demostrar la importancia que tiene la conversación en nuestras vidas y lo importante que es no desaprovecharla. «La conversación es un hilo que teje nuestras vidas», sentencia Estrella Montolío.

En este capítulo te propongo que nos comprometamos a defender la conversación. Hoy en día buscamos formas de evitar la conversación. Nos sentimos más cómodos viendo una serie o haciendo *scroll* en Instagram porque «la gente pide cosas que los ordenadores no piden». Para que las cosas funcionen bien con la gente necesitas prestar mucha atención y ponerte en el lugar del otro. «La gente real exige respuesta a sus sentimientos», escribe Sherry Turkle, psicóloga e investigadora norteamericana, profesora del MIT.

Es curioso, nos sentimos incómodos con los demás y también nos sentimos incómodos si se nos deja a solas con nuestros pensamientos. Ambas incomodidades tienen como denominador común que necesitamos prestar(nos) atención. Hemos resuelto cambiar personas por pantallas y eso es una mala idea para conversar.

> —¿Qué tal tu fin de semana?
>
> —¡He pasado el mejor fin de semana desde hace años! Fui a un hotel donde estaban prohibidos los teléfonos móviles, se entregaban en la recepción cuando hacía el *check-in*.

La ausencia de dispositivos móviles nos hace felices, nos permite sentirnos libres de una atadura que nosotros mismos hemos creado y cuyo antídoto es alejarlos sustituyéndolos por la buena conversación. Tener que acudir a un hotel que «te quite el móvil» para ser feliz es síntoma de nuestra gran adicción y de nuestra infantilidad.

Mariano Sigman, el neurocientífico argentino, comparte con nosotros su técnica para comprometerse con la conversación en familia. Utiliza la misma técnica que Ulises usó para evitar la seducción de los cantos de sirena tal como se relata en la Odisea. Ulises se hizo atar al mástil del barco para conseguir que los cantos procedentes de la Isla de las Sirenas no le afectaran a pesar de que esas criaturas mitológicas se hicieron pasar por su mujer Penélope y por su hijo Telémaco. De no haber estado Ulises atado al mástil y sus marineros provistos de tapones de cera en los oídos, todos ellos hubieran sucumbido. Sigman evita la seducción del teléfono móvil en los momentos que considera que no debe usarlo «atándose al mástil», es decir, dejando el móvil en otra habitación y apagado. No es nada sofisticado y enormemente eficaz, y al alcance de todos. Su compromiso con la conversación con sus hijos y seres queridos es más fuerte que los cantos de sirena de la tecnología.

El profesor y filósofo José Antonio Marina relató una historia en la que nos presentó a uno de sus alumnos, Manolo, al que los profesores valoraban como un alumno «desinteresado». El propio Manolo pensaba eso de sí mismo. Nada parecía estimularle. «No le interesaba nada del contenido curricular», aclara Marina. Al filósofo se le da bien conversar y descubrió, a través de la pregunta y escucha atenta, que a Manolo le interesaba algo muy específico: los pertrechos de la Segunda Guerra Mundial. El profesor mostró un interés sincero por lo que a su alumno le importaba y el alumno adquirió, recíprocamente, interés por quien se interesaba en él. De la mano del sabio profesor, Manolo descubrió que podía hacer que su vocación adquiriera forma, siguió las recomendaciones de su profesor y acabó graduándose como historiador. Hoy se dedica a lo que le gusta.

Marina concluye su relato afirmando que todos tenemos algo que hacemos bien, mejor que la media. Se trata de descubrirlo y solo podremos hacerlo si conversamos.

En contraposición a esta historia, comparto contigo la existencia de una empresa que ayudada por la inteligencia artificial sugiere a los adolescentes cuál es el futuro profesional que deberían elegir a tenor de sus contestaciones. En conversaciones con uno de los fundadores, que fiaba todo a la tecnología, le hice saber mi poca fe en un sistema así que me daba la impresión de que condenaba a los alumnos y a sus familias a no contradecir a algo supuestamente tan inteligente como una máquina. Creo que si queremos realmente comprometernos con el futuro de nuestros hijos y alumnos necesitaremos más tiempo de las madres y padres, más talento y escucha como los de José Antonio Marina.

La forma más razonable de defender la conversación es ponerla en práctica. Es fácil constatar que estamos perdiendo el hábito de conversar. Este hecho se hace más patente en determinadas relaciones que han llegado a la triste conclusión de que la conversación es un peligro y prefieren evitarla.

«A mis padres prefiero no contarles nada, mis dudas las resuelvo con lo que dice gente experta en Internet», «el éxito de que la pareja sobreviva es que corra el aire entre nosotros y cuanto más aire mejor», «no me siento segura hablando por teléfono y menos aún de forma presencial, para mí la forma más normal de comunicarme es a través de audios de *WhatsApp*», «solo confío en mi psicólogo», «el fin de semana suelo terminarme una serie entera, estoy tan a gusto, sin que nadie me moleste», «algo he hecho mal, porque después de tanto años en la profesión no tengo amigos y no sé con quien hablar» son testimonios reales que reflejan diferentes situaciones con un denominador común: la ausencia de conversación.

Recuperar las conversaciones necesarias va a exigir voluntad y disciplina en dos aspectos principales y un tercero que es consecuencia de los anteriores:

1. **Reservando momentos para conversar** y así volver a degustar el placer de la conversación. «Sentaos a cenar juntos todos los días que podáis», le recomienda una psicóloga a una pareja que tiene la costumbre de cenar separados, cada uno delante de un televisor diferente. «Te pido que al menos me digas cómo estás, cómo has pasado el día y cómo te sientes», le suplica un padre a su hija con la que apenas habla, ella lo considera normal y él, en cambio, piensa que la vida pasa con una lamentable ausencia de conversación entre su hija y él.
2. **Creando el entorno apropiado** evitando el uso de dispositivos tecnológicos y siendo capaces de elegir los mejores espacios donde mantener las conversaciones.
3. **Tiempo para conversar sin un fin determinado:** Yuval Noah Harari considera que no se puede alcanzar profundidad en las conversaciones si acudimos a ellas en continuo estado de alerta para quedar bien. Se nos advierte que parece como si estuviéramos viviendo en un continuo examen por decir las palabras adecuadas. Esa situación se produce como consecuencia de dedicarle poco tiempo y atención a la conversación. Sentimos que ante esa escasez debemos ser más brillantes a la hora de hablar y eso hace que nuestras conversaciones sean triviales, superficiales.

Las madres y padres deberían tener un compromiso muy especial en la defensa de la conversación con sus hijos. Son muchos los profesionales de la educación que alertan a las familias sobre el riesgo que corren los niños y adolescentes ante un doble fenómeno sociológico aparentemente contradictorio: la sobreprotección y la falta de atención. La sobreprotección lleva a los progenitores a limitar la autonomía de sus hijos y vivir en un constante estado de hipervigilancia que se acentúa cuando los niños están lejos. En cambio, cuando los hijos están cerca, los padres no les prestan atención, muchos priorizan el teléfono móvil sobre sus hijos que les reclaman para jugar, contarles algo del cole o lo que sea. En el libro *La*

> *generación ansiosa*, el psicólogo social Jonathan Haidt habla de una investigación realizada en Estados Unidos que concluye que tres de cada cuatro padres reconocen que el teléfono móvil interfiere en las conversaciones con sus hijos. Uno de cada cinco reconoce que esa interferencia es muy frecuente. Ambas, sobreprotección y falta de atención son agresiones a la infancia. Los padres dicen sobreproteger porque quieren mucho a sus hijos y quieren lo mejor para ellos. Pero, una vez que están a su lado, «pasan de ellos».

Defender la conversación a través de su práctica consciente es una responsabilidad individual que te propongo desde estas páginas. Se trata de una responsabilidad individual que tendrá sus positivas consecuencias en el proyecto colectivo al que pertenecemos como miembros de la sociedad. Defender la conversación es defender la empatía, la capacidad que tenemos los seres humanos de ponernos en el lugar del otro y así entendernos. Defender la conversación es tener el valor de conversar y no esconderse. Hay jóvenes que dejan a sus parejas dejando de responder a sus mensajes, desapareciendo. Hay directivos que despiden a personas que han trabajado muchos años en una empresa a través de personas interpuestas, normalmente del Departamento de Recursos Humanos. Tenemos miedo de conversar, de ser humanos, y necesitamos practicar.

Defender la conversación es estar presente en ella, es prestarle atención al interlocutor con el que estamos hablando. «Me cuesta concentrarme», «me parece que mucha gente habla despacio y me apetece darle al x2 para ver si así no me duermo mientras me hablan», «no aguanto a la gente que te cuenta su vida» son algunos testimonios de personas cuando les preguntamos al respecto de la crisis de atención que vivimos. Como se mencionó antes la respuesta más repetida a la pregunta «¿por qué consideras que conversamos peor?» es «porque la gente no escucha», que viene a hacer palpable la percepción de desinterés por el otro.

Recomendación para conversadores

Seamos realistas: vamos a tener difícil defender la conversación. Pero si no lo hacemos nosotros es probable que, poco a poco, sea la conversación quien nos vaya abandonando por no haberla cuidado. Dejaremos de disfrutar (y sufrir) de la complejidad del ser humano. Encontraremos (ya lo hacemos) más fácil, cómodo y seguro hablar con máquinas que con personas.

Por eso, debemos actuar. Pensemos como si nosotros los humanos y la conversación fuéramos una pareja que estuviera pasando un mal momento y necesitara de algún truco o metodología para rehacer lo que parece que se está rompiendo:

1. Preguntémonos a diario si hemos conversado. No consideremos que conversar son los intrascendentes intercambios de palabras como un ¿cómo estás?, ¿qué vas a hacer hoy?, ¿has visto en la tele…? Cada uno exigiremos lo que consideremos oportuno a la conversación. Abogo por que ese cruce de palabras lleve implícito un intercambio de humanidad, de energía sobre el que no nos quede duda alguna.
2. La tarea de conversar no es compatible con otras tareas. Es imposible estar viendo el correo electrónico, la televisión o atendiendo una llamada y mantener al tiempo una conversación. Conversar es *unitarea.*
3. Revisemos nuestra agenda de las próximas semanas para asegurarnos que periódicamente hemos quedado con personas con las que consideramos que vamos a sentir el placer de la buena conversación. No cejemos en el empeño de tener en nuestro entorno personas con las que podamos compartir ese placer.

AUTODIAGNÓSTICO
(preguntas para reflexionar)

—¿Te consideras una persona comprometida con el acto de conversar?

—¿Interrumpen los móviles u otros dispositivos tecnológicos tus conversaciones?

— 7 —

EN DEFENSA DE LA BUENA CONVERSACIÓN

Llegamos a un punto de inflexión en la propuesta de este libro. Los capítulos anteriores han tenido una intención principal: prepararnos para disfrutar del placer y el poder de la conversación. Apostar fuerte por nuestra cualidad conversativa será reivindicar nuestra condición humana.

Esa voluntad será insuficiente si no somos capaces de desarrollar la conversación con acierto. Las relaciones frustradas por la mala conversación nos vienen a demostrar que la puesta en práctica del hecho conversativo necesita de una tecnología, entendida esta como el conocimiento transformado en método o técnica para habilitarnos para ser mejores intérpretes de nuestras buenas intenciones.

Conectamos con el capítulo anterior en el que se ha propuesto una defensa a ultranza de la conversación para introducirnos en la defensa de la buena conversación. A partir de este capítulo compartiremos técnicas que confío que resulten útiles y que tienen el propósito de ayudarnos a ser mejores conversadores.

Se da por buena la afirmación de que es imposible hacer bien un trabajo si no nos gusta, si no sentimos pasión por él. La realidad nos demuestra, en cambio, lo contrario: hay actores, escritores, directivos de empresa, científicos que han sido excelentes en su profesión pero que han manifestado cierto grado de tormento a pesar de haber obtenido el éxito en lo que acometieron. Obtuvieron ese éxito porque supieron hacerlo extraordinariamente bien, porque fueron responsables en el ejercicio de la tarea que tenían encomendada. ¿Es necesario sentir pasión por la conversación para hacerlo bien? ¿Asegura la pasión por conversar que vamos a ser buenos conversadores? Ambas preguntas tienen, a mi juicio, una respuesta negativa. Para ser buenos conversadores ¿necesitamos ser conscientes y responsables de cómo nos desenvolvamos como conversadores? ¿Necesitamos conocer cómo funcionan los «mecanismos» de la interacción social, cómo saber emitir y entender los mensajes? Creo que sí.

No nos hace falta pasión para disfrutar del placer y del poder de la buena conversación, nos hará falta autenticidad. La distinción que Stephen Covey hace entre la ética del carácter y la de la personalidad nos ayuda a interiorizar las cualidades que necesita el conversador. En la ética del carácter predominan la humildad, integridad, mesura, simplicidad, modestia, autenticidad... En cambio, en lo que Covey denomina la ética de la personalidad las formas predominan sobre el fondo. Se trata de gustar a los demás para poder manipularles, dar a cambio de conseguir recibir más. La ética del carácter no tiene como propósito ganar las conversaciones sino conseguir que las conversaciones ganen en beneficio de todos.

He elegido dieciséis habilidades que considero esenciales para defender la buena conversación. Las siete primeras son habilidades de disposición que exigen una sólida ética del carácter siguiendo la nomenclatura de Covey. Necesitan ser interpretadas desde la autenticidad, así evitamos aparentar algo diferente a lo que en realidad es. Lo contrario de lo que ocurriría en cualquiera de estos tres casos:

—Hay quien puede poner cara de interés y tratar de demostrar que su disposición es la de aprender, pero su disposición mental no concuerda con su gesto facial.

—Hay quien puede utilizar palabras amables para quedar bien, especialmente con personas de las que quiera obtener un rendimiento, pero su auténtica intención no es agradar.

—El deseo de tener razón supera el deseo de conocer la verdad por incómoda o inconveniente que pueda ser.

Las habilidades de disposición no son innatas, son fruto de la educación recibida o de nuestra propia autoeducación. Solo nosotros podemos responder con sinceridad en qué medida somos capaces de poner en práctica esas habilidades que nos van a permitir hacer uso del placer y del poder de la buena conversación. Solo nosotros podemos poner remedio a las posibles carencias que tengamos a través de la reflexión, el compromiso, la formación, la continua autoevaluación. Ningún test, ni *coach* va a poder certificar mejor que nosotros qué nota nos merecemos en cada una de estas habilidades. Nuestro desempeño será diferente según la conversación y también dependerá de nuestro equilibrio mental y estado de ánimo. Puede resultarnos útil una autoevaluación tras la conversación como medio para progresar en la interiorización de estas habilidades:

HABILIDADES DE DISPOSICIÓN (SER)

1. Conciencia: acudir a la conversación con la suficiente presencia consciente de que en el intercambio de pensamientos, sentimientos e ideas se encuentra una oportunidad de mutuo crecimiento.
2. Intención de agradar: quiero que mi participación en la conversación contribuya de forma positiva en la vida de los demás. Aporto de forma genuina con una actitud de biófilo (amante de la vida).
3. Voy a aprender (no lo sé todo): mi disposición es humilde, de aprendiz. Cualquier persona puede enseñarme algo (incluso yo mismo).
4. Respeto: sentir y mostrar consideración sincera por los demás y las ideas que exponen.
5. Atención: estamos verdaderamente en la conversación. Es *unitarea.* También aplica cuando quedamos con nosotros mismos.
6. Tú: estamos con otras individualidades y hacemos lo posible por entender las palabras desde la perspectiva de cada una de ellas, no desde la nuestra.
7. Verdad: es el fin último de la conversación. No hay otro superior.

Con independencia de nuestras habilidades de disposición, es conveniente hacer uso de la tecnología de la conversación poniendo en práctica buenas costumbres conversativas.

Destaco nueve habilidades, sobre otras muchas que, con seguridad, también nos serán de utilidad:

HABILIDADES DE MÉTODO (TENER)

1. Utilizar las palabras mágicas: hablar con tono y palabras amables, educadas.
2. No interrumpir: mantenemos la escucha.
2. Si el mensaje es corto, se entiende mejor (no repetir): comunicar con destreza para que se nos entienda sin aburrir.
2. Preguntar, chequear: antes de valorar, etiquetar o contestar abruptamente procuramos entender con claridad.
2. No mentir ni exagerar: un compromiso.
2. Acordar más que disentir: buscamos el acuerdo como medio para acercarnos y buscar puntos de encuentro. Acuerdo > Disenso.
2. Reconocer: en nuestra conversación está presente el reconocimiento y la admiración como medio para crear buenas conexiones.
2. Tiempo: sin tiempo suficiente, la conversación no es posible.
2. Silencio: necesitamos del silencio para, sobre todo, poder conversar con nosotros mismos.

> En las relaciones, las cosas pequeñas son las grandes cosas (Stephen Covey).

Se ha escrito y hablado mucho sobre la conversación. Hay varias corrientes de pensamiento que nos serán útiles en nuestro propósito de aprovechar el placer y el poder de la buena conversación. Comprender la complejidad del hecho conversativo y abordarlo con precaución estando preparados para seguir descubriendo sus entresijos, nos ayudará en nuestro objetivo común.

En los próximos capítulos vamos a conocer cómo esos pensamientos podrán aplicarse en la práctica diaria de nuestras conversaciones.

— 8 —

¿QUÉ ES LO QUE DECIMOS? ¿QUÉ ES LO QUE ESCUCHAMOS?

El acto de comunicar sigue habitualmente este esquema:

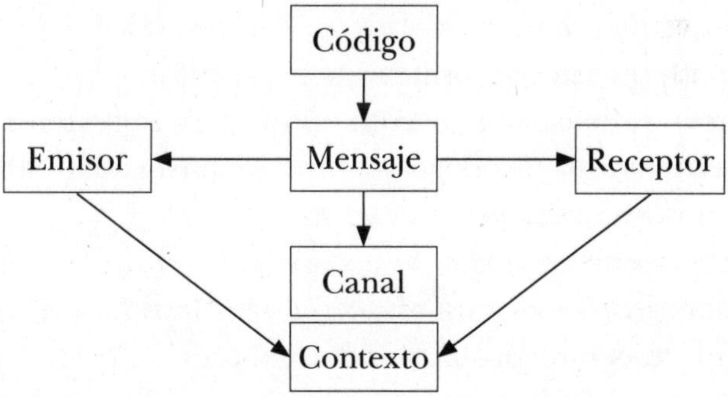

El emisor lanza un mensaje en un contexto determinado a través del canal elegido. El receptor decodifica el mensaje produciendo una interacción a través de otro mensaje. El emisor y el receptor tienen la oportunidad de entenderse porque utilizan un código potencialmente entendible por ambos.

En ocasiones el mensaje es comprendido por igual tanto por el emisor como por el receptor; ambos han entendido lo mismo. En cambio, en otras ocasiones, el emisor y el receptor entienden contenidos diferentes de las mismas palabras, tono y gestos. Puede ser una cuestión de matiz que haga que la percepción del mensaje y de la persona no modifique sustancialmente el devenir de la conversación o pueden tratarse de discrepancias severas que lleguen a alterar a los interlocutores e incluso a su relación. A esa diferencia entre lo emitido y lo escuchado se le denomina el arco de distorsión.

¿Qué se esconde detrás de esa percepción diferente sobre unas mismas palabras? La respuesta podemos encontrarla en el trabajo de psicología de la comunicación verbal desarrollado por el alemán Friedemann Schulz Von Thun que recoge en su libro *El arte de conversar*.

La idea principal para poder entender lo que ocurre es que cada mensaje —Schulz Von Thun lo llama noticia— tiene cuatro voces y cuatro oídos. Para poder ayudarnos en la explicación utilizamos como ejemplo la frase que una madre o padre le dice a su hijo: «¿Cuándo te vas a poner a estudiar?».

1. **El contenido objetivo:** es lo que se está diciendo, sin matices. La pregunta, desde el punto de vista objetivo, merecería una respuesta del tipo: «En diez minutos», «dentro de dos semanas», «nunca». Si el receptor —en este caso el hijo— solo escucha el contenido objetivo responderá con el plazo que considera que más se ajusta a la realidad sin entrar en otras consideraciones.
2. **El aspecto de relación:** en este caso el mensaje lleva implícito cómo se trata al prójimo en la relación. El padre está, más que probablemente, dando a la relación más importancia que al contenido objetivo. Está diciendo a su hijo, y es posible que también el oído del hijo perciba lo mismo, que le está hablando desde su posición de mando en la jerarquía padre-hijo. El hijo puede elaborar una respuesta de contenido emocional que nada tenga que ver con el contenido objetivo: «No te preocupes», «qué pesado eres, no me vuelvas a preguntar».
3. **El aspecto de la auto exposición:** el mensaje puede llevar implícito una parte de la personalidad del emisor. Supongamos que la relación entre padre e hijo no atraviesa un buen momento y el padre no sabe cómo controlar la situación. Como consecuencia de ese contexto, el mensaje «¿cuándo te vas a poner a estudiar?» ha sido dicho en un tono en el que se advierte cierta debilidad que deja entrever esa circunstancia en la personalidad del padre.
4. **El aspecto de incitación:** en el mensaje del padre hay una intención que semánticamente no tiene relación con el

contenido objetivo; el padre tiene la intención de que el hijo se ponga a estudiar, probablemente de forma inmediata. En este caso, puede ser que se perciba que se está dando una orden de forma implícita.

En cada noticia/mensaje las voces y los oídos de los interlocutores emiten e interpretan cada uno de estos aspectos con mayor o menor intensidad. Los cuatro aspectos son igualmente importantes en el conjunto de las conversaciones, pero predominan más en unas conversaciones que en otras.

Mensaje para conversadores

Saber que lo que decimos y escuchamos «no está tan claro» es un importante descubrimiento para entender mejor las relaciones con los demás y convertirse en un conversador más maduro con una visión enriquecida. Este conocimiento nos permitirá saber que, como receptores de mensajes, podemos entender palabra por palabra lo que se nos está diciendo, pero, en cambio, no comprender realmente lo que el emisor está comunicando.

Dice Schulz Von Thun que gracias a esta revelación pudo «comprobar por primera vez que, simultáneamente, se puede tener y no tener razón». Se puede estar de acuerdo con el mensaje objetivo —por ejemplo, alguien nos regaña con razón— pero en cambio no lo aceptamos desde el punto de vista relacional porque interpretamos que ese interlocutor no debiera dirigirse a nosotros con ese mensaje o tono. En una misma interacción podemos hacer prevalecer un aspecto u otro. En el supuesto anterior, quizás reaccionemos inicialmente censurando al emisor poniendo el énfasis en el aspecto relacional —no nos gusta que un desconocido nos regañe— pero si alcanzamos cierto sosiego emocional podemos entender que el mensaje objetivo está cargado de razón y reculamos aceptándolo.

Otro gran aprendizaje de haber descubierto que nuestros mensajes tienen cuatro aspectos es que quizás debamos desaprender la forma de valorar los mensajes tal como fuimos enseñados en nuestra educación formal. Supongo que la mayoría fuimos educados en interpretar las palabras como hechos: cada palabra y frase significan lo que significan sin que haya cabida a posibles interpretaciones. Es decir, lo importante es la supuesta objetividad, sin que ello signifique que esa interpretación sea la verdad.

Así, las «cuestiones humanas se desprecian por subjetivas y quedan relegadas a la clandestinidad y llevan una vida subliminal y oculta en el caballo de Troya de la objetividad». Aceptar que cada mensaje/noticia tiene esa complejidad nos obliga a aplicar la psicología de la comunicación en nuestras interpretaciones y relaciones.

Esta complejidad nos hace entender que la comunicación interpersonal es compleja y nos ayuda a entender el origen de los arcos de distorsión. Como conversadores, no rehuimos esa complejidad, sino que abrazamos la emoción y el enigma que supone la práctica del intercambio de pensamientos, sentimientos, ideas, peticiones, deseos.

¡Advertencia! No es conveniente convertirnos en profesionales de nuestras conversaciones. Ello provocaría que nuestras relaciones estuvieran continuamente analizadas, provocaría que tuviéramos excesiva precaución al hablar, quizás una crítica excesiva al escuchar.

La herramienta de las cuatro voces y los cuatro oídos nos permite «traducir» qué es lo que nosotros y nuestros interlocutores podemos estar escuchando y oyendo. Nos habilita para comprender algunas situaciones que, de otra manera, se escaparían a nuestro entendimiento.

Es, en definitiva, una herramienta para conversar mejor. Es recomendable que nuestro análisis no nos impida ser auténticos y disfrutar de la conversación.

Además de considerar que cada mensaje puede ser dicho e interpretado con alguna de las cuatro voces y oídos, es conveniente que cuidemos nuestras palabras y el tono que utilizamos. El receptor del mensaje expresa, en ocasiones, su disconformidad con la forma: «No es lo que me has dicho, sino cómo me lo has dicho».

La elección de unas palabras o tono determinado puede cambiar el valor y el sentido del mensaje. Una oportunidad para mejorar será cambiar nuestras quejas por peticiones. Ese cambio llevará implícito un cambio en las palabras y, muy probablemente, también en el tono.

Las quejas expresan una insatisfacción del emisor con respecto al interlocutor. Pueden ser quejas bien argumentadas y razonadas, que expresan una necesidad. Lo hacemos desde la crítica a nuestro interlocutor:

—Eres poco cariñoso, no me das besos.

—Me hablas mal y no lo soporto.

—Dejas la cocina hecha un asco.

—No me gusta como conduces, vas demasiado rápido.

Convertir las quejas en peticiones puede ayudarnos a decir lo mismo, pero partiendo de una situación que favorece la escucha y la acogida del mensaje:

—Me encanta cuando me das besos y eres cariñoso. Ojalá me abraces y me beses más.

—Cuando me hablas tan amablemente, me enamoro aún más de ti.

—Te pido, por favor, que me ayudes a mantener la cocina en orden. Es que la cocina desordenada me produce estrés.

—Me gusta sentirme relajada en el coche y sé que tú quieres que esté bien. Te agradezco mucho si reduces la velocidad y vamos sin prisas.

En el capítulo 13 «Gestionar conversaciones *difíciles*» vamos a tener la oportunidad de conocer un caso real de una pareja que consiguió superar una crisis gracias a esta técnica.

CASOS REALES

En las siguientes líneas se exponen algunos casos reales sobre los que se propone un análisis utilizando como referencia las cuatro voces y oídos de cada mensaje:

Mañana tengo que ir a trabajar

Una jefa le pregunta a una de las personas de su equipo sobre sus planes para mañana, un jueves. Se trata de una empresa donde se practica mucho el teletrabajo.

—Jefa: ¿Vienes mañana a la oficina?

—Subordinado: ¿Por qué lo preguntas?

—Jefa: Si vienes mañana, te voy a pedir que me ayudes con la elaboración del informe para el CEO.

—Subordinado: Vale, vengo mañana.

El subordinado llega a su casa quejándose: «¿Te puedes creer? Me ha preguntado si voy mañana a la oficina. Ella sabe perfectamente que no tengo hábito de ir los jueves». Su cónyuge intenta hacerle ver que está interpretando el mensaje en base a una relación de sometimiento que él mismo ha creado en su mente.

El mensaje objetivo es una pregunta que en lugar de ser contestada con otra pregunta debería haber sido respondida con un sí o con un no, con los matices que se consideraran convenientes (por ejemplo, «mañana teletrabajo que tengo que escribir muchos correos»). El subordinado cree que es una imposición que encierra una incitación a venir presencialmente a la oficina mañana. Su análisis del mensaje tiene una carga predominante de cómo interpreta él la relación con su jefa. Ve en ella alguien a la que debe su obediencia. La comunicación es así fallida.

A mí nadie me ha regañado

En esta escena, un propietario de un piso alquilado en la tercera planta de un edificio llama al administrador del bloque para pedirle que comunique con los propietarios del piso de la cuarta planta que también tienen el piso alquilado. Los inquilinos del tercer piso no han podido dormir dos noches como consecuencia del ruido originado por las fiestas organizadas por las hijas adolescentes de los inquilinos de la cuarta. El propietario del cuarto llama a su inquilina para informarle de la queja y pedirle que prohíba a sus hijas organizar fiestas. La inquilina del cuarto llama, a su vez, al propietario del tercero puesto que le conoce del barrio.

—Me ha dicho Javier que te has quejado. Yo nunca me quejo de los vecinos de arriba que también hacen ruido.

—Tú decides si quieres quejarte o no. Nosotros nos quejamos porque creemos que los vecinos deben respetar el sueño de los demás. Y esto no ha ocurrido en vuestro caso, por eso nos hemos quejado.

—El último día yo misma estaba en la fiesta, duró solo hasta las dos.

—No se deben hacer fiestas hasta las dos, eso no es respetar el sueño de los demás que es el deber de todos los vecinos —vuelve a argumentar el propietario del piso afectado.

—A mí nunca nadie me ha regañado.

Esta es una situación muy común. La persona a la que se le invita a que reconsidere una situación determinada escucha con sus oídos a la defensiva y emite su respuesta desde la auto exposición (a mí nadie me regaña, yo estoy en la fiesta). La argumentación del propietario «los vecinos deben respetar el sueño de los demás» hubiera merecido una disculpa y un plan de acción si los oídos se atuvieran al contenido objetivo.

Lo paso mejor que nadie

Un grupo de amigos se reúne periódicamente a comer. Uno de ellos inicia, indefectiblemente, todos los encuentros con mensajes que tienen la intención —a juicio de los receptores— de hacer una auto exposición que demuestre su superioridad con respecto al resto de interlocutores.

Desde el punto de vista del contenido objetivo el emisor está informando sobre los acontecimientos de su vida a sus amigos. La reiteración en los mensajes y el desinterés por las noticias de los demás —sus preguntas son infrecuentes— conforman la valoración de cierto narcisismo que hacen sus interlocutores. Estos no pueden expresar con sinceridad lo que opinan dado que consideran que ello dañaría la relación.

Si invitáramos al emisor a analizar su mensaje desde las cuatro voces es probable que no aceptara su carácter eminentemente auto expositivo y prefiriera analizarlo bajo la perspectiva de la relación («somos amigos y nos contamos nuestras cosas») o de su aspecto objetivo («de algo tenemos que hablar»).

Una bronca en casa

A menudo la comunicación entre adolescentes y sus progenitores es fallida. Una de las conversaciones más frecuentes es el enfado y crítica que la madre o el padre hace sobre un determinado comportamiento. Algunas veces los progenitores pierden los nervios y califican al adolescente: ¡eres un desordenado!, ¡esto es una pocilga!

El oído que más comúnmente utiliza el adolescente para traducir las palabras de su madre o padre es el de la relación y escucha que le están diciendo que es un indeseable, que está dando problemas, y que se enfadan por su culpa.

Si el oído fuera el de la auto exposición entendería otro mensaje diferente: «mi padre ha tenido un mal día y la está pagando conmigo. Pobrecillo».

Si el oído predominante fuera el contenido objetivo hablaría con el padre sobre su valoración y sobre cómo solucionar la discrepancia.

Mensaje para conversadores

Además de las cuatro voces y cuatro oídos que contiene cada noticia, se debe considerar cómo el mensaje está condicionado en función del contexto y canal elegidos para transmitirlo. Elegir el momento o el lugar adecuado, así como el medio más eficaz a través del cual vamos a transmitir nuestro mensaje son dos aspectos muy relevantes que influyen en las conversaciones.

Es conveniente que planifiquemos las conversaciones importantes pensando cuál es el momento y el lugar idóneo y qué canal/formato vamos a elegir. Para que ambas decisiones sean acertadas, debemos pensar en cómo es nuestro interlocutor y cómo creemos que va a recibir el mensaje.

Cada forma de escuchar e interpretar las palabras está condicionada también por esos aspectos que, finalmente, conduce a una reacción diferente que afecta al desarrollo de la conversación.

— 9 —

¿RAZONAR O TENER RAZÓN?

Abordamos en este capítulo una distinción fundamental en nuestra aproximación a la conversación.

Tengo una intuición que me resulta imposible demostrar: hay un porcentaje nada despreciable de personas que acuden a las conversaciones con el ánimo de tener la razón, y no de razonar.

Razonar equivale a tener el ánimo de llegar a la verdad. Desear a toda costa tener la razón puede equivaler a salir victorioso del encuentro, aunque sea a costa de esa verdad.

Me da la impresión de que es infrecuente que seamos tan sinceros como para reconocer que estamos dispuestos a sacrificar la razón en aras de ganar conversaciones. Será bueno auto examinarnos y reflexionar a este respecto para saber si en ocasiones (o siempre) renunciamos a razonar para convertirnos en artistas de tener la razón.

El filósofo alemán Artur Schopenhauer observó que los trucos, las maniobras y las artimañas a las que las personas recurrimos para conseguir tener la razón son numerosas y se repiten con tanta frecuencia que las hizo objeto de su propia reflexión.

Los trucos que Schopenhauer nos presenta en *El arte para tener razón* siguen estando presentes en las conversaciones de hoy en día, es posible que más que nunca. Identificar esos trucos, cuando nuestro interlocutor los esté utilizando, nos permitirá intentar razonar sobre la inconveniencia de su uso o batirnos en retirada con un elocuente silencio como medida preventiva para evitar que la conversación emborrone la relación. Lo habitual es que nos siente mal que se cuestione nuestra forma de argumentar y que se nos haga saber que nuestro objetivo no es razonar si no tener la razón.

Mensaje para conversadores

Si nuestro interlocutor nos invita a recapacitar sobre nuestra forma de razonar, no nos disgustemos, reaccionando y diciendo «pero ¿quién eres tú para decirme cómo debo razonar?» o «anda que tú, habla el que siempre quiere tener la razón». Mostremos un interés sincero por descubrir qué es lo que le conduce a pensar que no estamos razonando adecuadamente. Agradezcamos la crítica puesto que los comentarios de las personas que nos rodean es la más importante y útil fuente de aprendizaje para mejorar nuestras conversaciones. Aunque, en ocasiones, la crítica duela.

Schopenhauer nos presenta treinta y ocho estratagemas retóricas engañosas que pueden facilitar el éxito —en forma de victoria— en una discusión, pero que no sirven a la verdad. Schopenhauer añadió algunas ideas para ser utilizadas contra ellos, como una especie de protección contra estos guerreros de tener la razón.

El filósofo se pregunta a qué se debe el hecho de que el ser humano tenga obsesión por tener la razón en vez de buscar la verdad. Y él mismo contesta que «a la natural maldad del género humano. Si fuéramos por naturaleza honrados, en todo debate no tendríamos otra finalidad que poner de manifiesto la verdad».

Discrepo de la argumentación de Schopenhauer. No comparto la idea de que el ser humano sea malo por naturaleza, creo que hay más saber y verdad en la frase de Edward de Bono que afirma que «en toda la educación que se nos imparte aparece la necesidad de tener razón». Si damos por buena esta última afirmación nos tocará desaprender y, en nuestro posible papel de educadores evitar que esa necesidad —la de tener la razón— aparezca como objetivo educativo.

Si realmente queremos llegar a la verdad en nuestras conversaciones, necesitaremos obtener información, y sobre todo verdaderas ganas de alcanzarla, aunque la verdad final no nos convenga. Quizás te hayas preguntado en alguna ocasión cómo es posible que dos personas que están altamente instruidas no sean capaces de alcanzar un mínimo consenso sobre un determinado tema —aunque se trate de hechos históricos, valoraciones científicas o sobre una determinada investigación—. Es probable que esto ocurra porque se han posicionado inicialmente a favor de una determinada tesis que no desean abandonar. Schopenhauer atribuye a nuestra vanidad el que nos neguemos a «admitir que lo que hemos expuesto resulte ser falso y cierto lo expuesto por el adversario. El interés por la verdad cede ahora del todo a favor del interés por la vanidad: lo verdadero debe parecer falso y lo falso verdadero».

Los artistas de tener la razón salen (salimos), pues, vencedores de una discusión «no por su corrección a la hora de exponer sus tesis, sino a la astucia y habilidad con las que las defiende».

Mensaje para conversadores

Acudir a una conversación en la que tenemos la certeza de que nuestro interlocutor no va a cambiar de ninguna manera de opinión es muy desalentador y nos hace perder confianza en la utilidad de la conversación.

Esa sensación hace que la resolución de conflictos sea, por lo general, imposible.

Por eso es recomendable que pactemos con nuestros interlocutores, al inicio de la conversación, que ambos estamos dispuestos a cambiar de opinión.

El hecho de manifestarlo de una forma sincera y creíble hace que la confianza aumente y sea más fácil llegar a un acuerdo para alcanzar una solución consensuada.

En muchas ocasiones nos será imposible conseguir ese compromiso:

—¿Estás dispuesto a cambiar de opinión si te aporto argumentos que rebatan tu tesis? Yo estoy dispuesto.

—No me extraña que tú estés dispuesto a cambiar de opinión, tu tesis está equivocada. No voy a cambiar de opinión porque estoy en lo cierto.

—Te pido que me digas si estás dispuesto a cambiar de opinión si te muestro datos y argumentos que te hagan considerar que estás equivocado.

—Eso es imposible, no voy a cambiar de opinión.

Dos investigadores, Amit Goldenber y Eran Halperin, demostraron que personas con intereses muy contrapuestos —israelíes y palestinos, relaciones entre blancos y negros en Estados Unidos— pueden llegar a puntos de encuentro cuando al inicio de la conversación ambos afirman estar dispuestos a cambiar de opinión.

Como ya mencionamos antes, Carlos Fraenkel, filósofo alemán-brasileño, escribió *Enseñando Platón en Palestina*, un ejercicio que le llevó por diferentes zonas de conflicto para demostrar que la filosofía es la solución para entendernos, incluso cuando nuestras creencias son contrapuestas. Su experimento nos demuestra que la buena conversación nos reivindica como seres racionales, humanos empáticos capaces de entender al otro. Sin buena conversación ese poder se extingue.

Muchas de las estratagemas que nos presenta Schopenhauer —que a su vez las tomó de los tópicos de Aristóteles— tienen que ver con el ánimo de los artistas de la razón de variar el contenido de lo que se está discutiendo. Su estrategia se basa en buscar ampliaciones, analogías, metáforas que no tienen que ver con el contenido de la discusión.

Conversé con mi amigo Francisco en medio de la pandemia del COVID. Su tesis es que éramos víctimas de una conspiración mundial y que las vacunas no iban a servir para nada. Mi posición era la contraria, no consideraba que hubiera conspiración y consideraba que las vacunas iban a salvar muchísimas vidas.

—Hay muchos vídeos de personas eminentes que dicen que esto es un movimiento mundial para conseguir aislarnos definitivamente —argumenta mi amigo.

—No lo dudo, hay vídeos de todo tipo de personas, no hay tema sobre el que no haya voces discrepantes. Lo que tenemos que intentar saber es cuál es la verdad —le contesto.

—Yo no me informo por los medios tradicionales que están vendidos al poder. ¿Tú que ves y lees? —me pregunta.

—La televisión nacional e internacional, prensa de todos los colores —le contesto.

—Me lo imaginaba, estás encerrado en los argumentos que ellos quieren hacerte ver —sentencia triunfalmente.

—No estamos discutiendo la validez de una fuente de información u otra. Nuestra discusión es sobre si estamos en medio de una conspiración mundial y sobre la efectividad de las vacunas. Tú argumentas que no vamos a poder vernos porque quieren alejarnos y yo lo contrario. Hoy no podemos saber quién está en lo cierto. Pero en el futuro lo sabremos. ¿Si puedo ir a verte a tu casa en seis meses (vive en Cádiz y en ese momento estábamos confinados en casa) dirías que tu tesis no es cierta?

—No, yo te digo que hay una conspiración mundial.

De haberse acordado la apuesta yo la hubiera ganado, pero mi amigo Francisco sigue empeñado en que un concierto mundial va contra el conjunto de la humanidad.

Mi interlocutor habla de algo distinto de lo que se ha planteado como objeto de la discusión. Su argumentación —los medios de comunicación están vendidos al poder— puede ser cierta (estoy bastante de acuerdo con ese argumento), pero no tiene que ver con el objeto de nuestra discusión. Esta táctica, la de modificar de lo que estamos hablando para así tener razón, es abordada en las tres primeras estratagemas de las treinta y ocho presentadas por Schopenhauer.

Otro tipo de forma de ganar las conversaciones, sin que se tenga el propósito de alcanzar la verdad, es crear premisas para que el artista de tener la razón pueda asociarlas a favor de sus tesis. Supongamos una conversación sobre un determinado partido político sobre el que manifestamos nuestra intención de votar. En su programa electoral aparece una promesa que nuestro interlocutor sabe que va contra nuestros ideales y nos acusa de incoherente. O pudiera ocurrir que el candidato del partido al que vamos a confiar nuestro voto ha dicho o hecho algo con lo que no estamos de acuerdo. Nuestro interlocutor aprovecha esa circunstancia para asociarnos a esas ideas con la que hemos manifestado nuestra discrepancia. Objetaremos su razonamiento haciéndole ver que, aunque optemos por esa alternativa política, no tenemos que estar de acuerdo con todo el programa electoral o todas las actuaciones de su líder. La intención de voto —el objeto de la discusión— es la valoración de cuál es, a nuestro juicio, la mejor opción para nuestro país.

Rubén Gisbert es un joven abogado y promotor de un movimiento social llamado Junta Democrática de España. Desde su canal de YouTube propone a la audiencia que la opción más responsable del ciudadano es no votar. Conocí la existencia de Gisbert en una conversación en la que la persona que me introducía a su pensamiento conocía bien el argumentario que Gisbert divulgaba en las redes. Uno de los argumentos centrales y frecuentemente repetidos es: «los partidos políticos no se ponen de acuerdo en nada, salvo en defender el sistema de elecciones y eso demuestra que el sistema es corrupto e inconveniente para los ciudadanos». Ese argumento utiliza la estratagema de convertir una premisa («los políticos solo se ponen de acuerdo en el sistema») en la razón principal para defender el todo («si solo se ponen de acuerdo en eso, el problema es el sistema»), en lugar de exponer las razones por las que el sistema actual no es el adecuado.

Esta astucia es tan comúnmente utilizada que expongo otro ejemplo:

> Existe una corriente cada vez más extendida que defiende que la exposición al sol no es perjudicial. Esa corriente argumenta que las advertencias sobre los daños que produce el sol son una creación de la industria médica y farmacéutica que tiene como fin último enriquecerse.

> Propugnan que nos expongamos al sol hasta conseguir hacer un callo solar en nuestra piel que, a su entender, nos defenderá de los rayos perjudiciales.
>
> Una forma de demostrar que existe ese conchabamiento interesado de médicos y farmacéuticos en desprestigiar al sol es mostrar en un vídeo lo que ocurre en una búsqueda en Internet con la alocución «callo solar». La mayoría de las respuestas que ofrece el buscador son artículos en contra de esta tendencia, lo que demuestra —a juicio de los que consideran que hay una conspiración— que, efectivamente, esa conspiración existe.
>
> Se aparca, así, la discusión científica para utilizar una premisa —las búsquedas en Internet están siendo manipuladas— para demostrar que se tiene razón.

Si nos consideramos defensores de la razón deberemos estar atentos a este tipo de argumentaciones porque en el fragor de la conversación una estratagema como la narrada se convierte en una astucia que puede resultar desequilibrante.

En la séptima estratagema, Schopenhauer nos presenta un ardid que en *El arte de tener razón* se describe de la siguiente manera: «preguntar detalladamente muchas cosas a la vez, para ocultar lo que realmente quiere que se admita». Una variante de esta estratagema es exponer muy rápida y vehementemente una determinada argumentación que hace que las personas con más dificultades de entendimiento sobre un determinado tema no puedan advertir los errores o lagunas de esa argumentación.

Dos personas disienten sobre la valoración de un político español. A uno le parece que el político en cuestión es detestable y le califica como un gran mentiroso. Se reitera una y otra vez en ese calificativo. Al otro le gustaría obviar el tema —sabe que es una posible fuente de conflicto—, pero ante la reiteración del argumento le pregunta cuáles son las mentiras que ha dicho.

> —¿Es que no te parece un mentiroso? —le espeta haciendo suponer que la pregunta contiene una valoración.
>
> —Yo no me he manifestado sobre su condición de mentiroso o de la contraria, pero como tú tienes claro que es un

mentiroso, me gustaría saber cuáles son esas mentiras para así poder valorarlo —contesta haciendo justificar el motivo de su pregunta.

El amigo no contesta a la pregunta y empieza a enumerar la cantidad de acciones con las que discrepa del político en cuestión preguntando a su interlocutor en cada una de ellas si está de acuerdo o no. Este, que es un avezado conversador, contesta a cada una de sus preguntas —en algunas medidas estaba de acuerdo en otras no—.

Una vez terminado el interrogatorio, insiste:

—No me has contestado a mi pregunta: ¿cuáles son las mentiras que ha dicho el político al que tanto odias?

El amigo que acusa de mentiroso al político recuerda una sola mentira. Su compañero de conversación le hace ver que esa mentira es tan común entre los políticos que también los que respaldan su ideología han tropezado en ella.

—No por ser común podemos decir que es justificable —argumenta—, pero no es la mentira lo que diferencia al político que tanto repudias.

Como se ha mencionado antes, ganar una conversación es, a veces, una cuestión de astucia y habilidad, nada que ver con el verdadero objetivo de un buen intercambio de ideas y pensamientos. Los artistas de tener la razón han desarrollado numerosas destrezas y una gran tenacidad para retorcer los argumentos hasta conseguir el abandono del adversario. Estas son algunas de sus estrategias: —Retorcer un argumento inicialmente abierto al debate para transformarlo en una sola posibilidad, como si se tratara de un embudo:

«Esta es mi opinión personal, no tengo ninguna prueba y no existe otra explicación posible» (escuchado a un participante en una tertulia televisiva). Lo que inicialmente era una opinión se transforma en la única que es factible.

Insistir en que el interlocutor ha dicho alguna vez algo que contradice la posición que defiende ahora y lo convierte en ley:

—Tú dijiste el otro día que nunca irías a un crucero.

—Pero ahora, después de lo que he leído, le veo más ventajas que inconvenientes.

—No puedes ir cambiando de opinión, me vuelves loco y eso no puede ser así.

Utilizar una experiencia personal como argumento irrefutable:

—En España, el 41 % de la población entre veinticinco y sesentaicuatro años son universitarios, según el Instituto Nacional de Estadística.

—Pues en mi empresa el 99 % no tenemos carrera y estamos en ese tramo de edad.

—Ya, pero tu empresa no es el conjunto de España.

—Bueno, no sé. Es lo que yo veo, que para mí es lo que hay.

Del anterior diálogo se extraen otras nuevas estrategias para tener razón.

—Ser incapaces de admitir los datos o argumento del interlocutor utilizando un «no sé» en vez de aceptar o discutir el argumento o dato aportado.

—Aportar datos sin rigor que el interlocutor no puede confrontar como «el 99 % estamos en ese tramo de edad».

Mentir es una de las estratagemas de las treinta y ocho que nos presenta Schopenhauer. Es probable que sea una de las más frecuentemente utilizadas por su facilidad de uso y versatilidad para ganar conversaciones. La mentira se utiliza exagerando —«conozco a mucha gente que ha padecido esa enfermedad» y solo conoce a dos—, ofreciendo datos erróneos, adaptando o inventando historias que favorezcan su argumento, utilizando recursos como «todos los médicos dicen...» que impiden ser contrargumentados. La mentira es una constante en nuestras conversaciones cotidianas: «te envié un correo, pero se me quedó en el buzón de salida» (se le olvidó contestar), «hay un atascazo impresionante» (sí, hay algo de tráfico, pero es que salió tarde). Se miente tanto que en ocasiones mentimos sin darnos cuenta y acabamos convencidos de la veracidad de lo que manifestamos.

Mensaje para conversadores

Mentir en una conversación es como jugar dopado en una competición deportiva. La ventaja del mentiroso es que la prueba anti mentira no se aplica en la mayoría de las ocasiones por olvido o por falta de contexto.

Al igual que no nos gustaría ser un deportista que ganara partiendo de una posición ilegal, debemos concienciarnos del valor de la verdad y comprometernos firmemente a erradicar la mentira de nuestro argumentario.

Divulgar mentiras es otra práctica muy utilizada para convencer al interlocutor en la defensa de una posición determinada. No contrastar la veracidad es una irresponsabilidad y una estupidez que, lamentablemente, es practicada por muchas personas con ánimo de crear un estado de opinión favorable a sus ideas.

Advertí de la falsedad de una noticia que una persona había puesto en un grupo de amigos. «Bueno, es mentira, pero es gracioso, ¿no?», contestó el propagador del bulo.

Conversar con mentirosos es un combate injusto en el intento de hallar la razón. Es posible que nadie nos premie por perseguir la verdad y que, incluso, en ocasiones nuestra búsqueda de la verdad lleve aparejadas consecuencias negativas para nosotros. Nuestro compromiso con la verdad como elemento insoslayable de la buena conversación debe ser claro e irrenunciable.

Hay personas que manifiestan su enemistad con la mentira, «eso es lo que más me disgusta». No hay por qué dudar de sus buenas intenciones, pero creo que esa afirmación es vacua mientras sus acciones y compromiso no se mantengan firmes. Es mejor que sean los demás los que nos reconozcan como conversadores fiables y no que seamos nosotros los que nos anunciemos como tales.

Algo que no pudo predecir Schopenhauer es el ardid de muchos batalladores de la verdad en la era de Internet. Se utiliza el «he visto» o «he leído» como eje central de su argumentación y ante la imposibilidad del interlocutor de rebatirles —puesto que no conocen el contenido en cuestión— cierran la discusión con un «te lo voy a enviar y ya verás», dándose por vencedores de la conversación.

Otro tipo de estratagemas que utilizan los artistas de tener la razón tienen que ver con sacar de sus casillas a la persona con la que están hablando. Lo hacen encolerizándose, atacando personalmente o incluso siendo ofensivo y grosero en el caso de ver la discusión perdida. En el ansia de ganar la batalla, las argumentaciones se transforman en embestidas personales abandonando el objeto de la conversación.

En la batalla dialéctica tratando de tener o buscar la razón (que como hemos intentado demostrar no es lo mismo) podemos retirarnos haciendo caso a Voltaire «prefiriendo la paz a la verdad» o iniciar el debate con el ánimo de una posible modificación de nuestras razones.

Me bato en retirada en muchas conversaciones, incluso con personas muy próximas a mí. En mi opinión, su afán por tener la razón nos aleja de la sana y gratificante búsqueda de la verdad. Es posible que esas mismas personas opinen lo mismo de mí que yo de ellos. En cambio, con otros interlocutores disfrutamos con el debate sin reparar quién fue quien aportó la idea que finalmente prevaleció. Solo nos mueve pensar, reflexionar y, en su caso, acercarnos juntos a la verdad.

Sería bueno que no nos resultara incómodo decir «es verdad, tienes toda la razón, ahora lo veo claro». Dar la razón es cambiar de opinión y hacerlo no es un demérito. A muchas personas les cuesta dar la razón —sea para reconocer que nos hemos colado sin querer en el supermercado, o reconocer con humildad y agradecimiento un fallo que ha descubierto un cliente en la prestación de un servicio o una contradicción en una sesuda conversación—. Cambiar de opinión, dar la razón, debería ser celebrado por quienes lo consiguen. Supone un avance, una mejora en nuestra forma de ver la vida, de abordar un problema o de gestionar una información.

> Si uno logra saber que está equivocado, debe cambiar de opinión. Si uno nunca logra saber que está equivocado, malo (Andrés Trapiello).

Hay algunos —confío que pocos— lectores de *El arte de tener razón* de Schopenhauer que buscan entender mejor las estratagemas para enriquecer su batalla dialéctica y seguir ganando conversaciones. Confío en que este libro ahora contribuya a aminorar los deseos por tener la razón y aumente los de razonar.

— 10 —

DESPRENDERSE DEL EGO EN BUSCA DE LA SINTONÍA

En el capítulo octavo («¿Qué es lo que decimos? ¿Qué es lo que escuchamos?») hemos descubierto una visión de la psicología de la comunicación que nos permitirá percibir las diferentes dimensiones de los mensajes. Es probable que la aplicación de la tecnología de las cuatro voces y los cuatro oídos nos exija una reflexión y análisis excesivo para que la conversación sea natural. Se me antoja de una enorme dificultad que su aplicación sea simultánea a la ejecución de la conversación, al menos yo no lo he conseguido. Puedo acudir al encuentro con «mis voces» algo modeladas por ese nuevo conocimiento, pero «mis oídos» necesitan parar y pensar para entender mejor los mensajes que se me comunican. Eso sí, nos dotan de un entendimiento que quizás antes no poseyéramos.

En este nuevo capítulo se presenta una habilidad que nos facilitará la presumible y deseable voluntad de querer ser un buen interlocutor y conversador. Es la habilidad de saber sintonizar.

Movemos cuidadosamente el dial de derecha a izquierda buscando en el aparato de radio la frecuencia en la que emite nuestra emisora favorita. Ese acto era común entre los oyentes cuando aún los aparatos receptores no tenían incorporada la función de presintonizar y mucho antes de que existieran las radios digitales donde la frecuencia aparece en una pantalla, asegurándonos acertar con la frecuencia elegida. En su día, cuando el oyente no era capaz de sintonizar la frecuencia adecuada, supongamos 93,9 MHz de la FM, y se encontraba en una frecuencia cercana, pero diferente —supongamos 93,8— el sonido podría llegar a ser audible, pero molesto de escuchar y a veces incomprensible.

Algo parecido ocurre en el hecho conversativo. En algunas ocasiones, la frecuencia con la que dos personas transmiten y reciben la señal (los mensajes) están en sintonía que es el equivalente a la compenetración, armonía, conexión. En otras ocasiones el emisor y el receptor parece que están en frecuencias diferentes y eso supone una adversidad, un obstáculo, una inicial incompatibilidad para poder progresar en nuestro entendimiento. Estar en sintonía no es estar de acuerdo. Sintonizar con otra persona es conseguir que la conversación fluya, que, por razones, a veces desconocidas, sepamos que nos encontramos en zona de seguridad conversativa; podemos pedir, razonar, reconocer, criticar con otra persona. Es, sencillamente, maravilloso.

En el caso de que la sintonía no se produzca, podemos optar por seguir en nuestra frecuencia o tomar las riendas y mover el dial hasta que logremos acercarnos a la de nuestro interlocutor con el ánimo de darle una oportunidad a que el encuentro sea fructífero.

El mero hecho de tomar conciencia, poner en práctica e interiorizar el fenómeno de la sintonización en las conversaciones puede cambiar el rol que interpretamos en nuestros encuentros con los demás. De los miles de conversaciones observadas llego a la conclusión de que lo más frecuente es que dos frecuencias diferentes se mantengan en sus respectivos «diales» y la conversación no prospere, quedándose lejos de su potencialidad. Es el ego el que nos limita y nos invita a no ceder, como si nos estuviera diciendo «que sea el otro el que haga el esfuerzo de sintonizar en mi frecuencia, ¿por qué voy a ser yo el que tenga que hacerlo?».

Desactivar esa dosis de ego va a aumentar notablemente las posibilidades de que las frecuencias se encuentren en beneficio de los interlocutores y de su conversación. Los escenarios de sintonización son ilimitados, ocurren igualmente en una primera conversación con un extraño o con nuestra pareja con la que convivimos hace décadas. Sucede en todos los ámbitos, sea laboral, familiar, en relaciones íntimas o superficiales.

Veamos...

EN EL RESTAURANTE. UNA CONVERSACIÓN CON UN EXTRAÑO. EGO POR DEFECTO

Uno de los encuentros más comunes es el que se produce entre el que sirve y el que es servido. Tanto si es en la ventanilla de una administración pública, en un taller de coches, en un supermercado o en un restaurante.

Los egos de cada cual pueden llegar a fabricar una interpretación de una inventada relación desequilibrada en la que el que es servido (el cliente) espera cierto servilismo del servidor o que este último tenga una prevención con respecto a su cliente al que visualiza como un posible avasallador al que desea frenarle los pies antes de que cualquier interacción se produzca. Cuando cualquiera de estos sucesos ocurre, se produce una falta de sintonía que tiene visos de convertirse en un encuentro que derive en insatisfacción del cliente o sensación de estar recibiendo maltrato por parte del servidor.

Recomendación para conversadores

Supongamos que llegamos a un restaurante. Quizás solo nos haga falta una breve interacción para anticipar la disposición del camarero a servirnos con el cariño esperado.

Lo normal es que el cliente presuponga que el camarero debe estar de buenas, «que para eso le pagan». Espera amabilidad, una sonrisa, una vocación de servicio que se traduzca en un inconfundible deseo de hacer que el cliente disfrute durante su estancia en el local. No sabemos nada de la persona que nos va a servir: ¿habrá tenido el camarero un día difícil, le dolerá algo, habrá recibido malas noticias en casa? O quizás, simplemente, su carácter no sea tan extrovertido como para impactarnos al principio, quizás le haga falta un poco de contacto para sentirse a gusto.

Se observa que cuando el trato por parte del camarero no es el esperado, lo habitual es que se produzca una reacción negativa por parte de los clientes: «¿Y a este qué le pasa? ¡Vaya camarero más borde!», se suelen decir entre ellos. No hay sintonía inicial entre el camarero y los clientes. Estos sienten su ego dañado porque en la primera interacción el camarero no ha respondido a las expectativas de servicio. El camarero va a percibir esa primera mala valoración —es habitual que los clientes dejen caer una sonrisita irónica o una devolución de la supuesta *bordería*— que hace que la situación empeore en muy poco tiempo.

Si, en cambio, tratamos de intentar sintonizar en la frecuencia del camarero, le daremos más oportunidades de mostrar sus capacidades y, es más que probable, que finalmente encontremos un punto de encuentro. Es posible que necesite cariño, una sonrisa y no una valoración negativa precipitada por una primera y fugaz interacción que nos ha proporcionado una información muy sesgada. En ocasiones nuestro cariño debe reiterarse, estamos en el apasionante proceso de encontrar el dial en el que nuestro interlocutor emite.

David Foster Wallace era un escritor norteamericano que se suicidó siendo muy joven, a los cuarenta y seis años. Lo hizo en el patio trasero de su casa, subiéndose a una silla y ahorcándose. Llevaba viviendo más veinte de años con una depresión a cuestas, no era la primera vez que lo intentaba. Resulta inquietante —al menos lo es para mí— pensar que alguien que expresa tan bien las claves de la vida sean también quien convive con una depresión tan severa. Foster Wallace dio una conferencia en la Universidad de Kenyon en el 2005, tres años antes de quitarse la vida. Se dirigía a los estudiantes de Arte y su discurso se tituló *This is water* (*Esto es agua*).

Su maravillosa alocución nos habla de la necesidad de tomar conciencia de la vida, de no presuponer, de hacer lo posible por no llevar una vida marcada por nuestra configuración predeterminada o llevar una vida por defecto (Foster Wallace habla de *default settings*) y «que seamos capaces de ocuparnos de otras personas y sacrificarnos por ellas innumerables veces realizando pequeños actos, quizás nada sexys, día tras día».

Termina su discurso diciendo que conseguir ese nivel de consciencia, nosotros diríamos de «sintonía con el otro», es «inimaginablemente difícil».

Al igual que el ejemplo del camarero, Foster Wallace nos dice que no sabemos nada de la persona a la que pitamos de forma excesiva porque se nos ha cruzado en nuestro camino, de quien quizás creamos que se ha colado en la fila del supermercado o de la mala cara de una dependienta. No sabemos nada de las personas con las que nos cruzamos y no tenemos por qué imaginar nada. Podemos intentar ser buenos conversadores en esas interacciones fugaces poniendo el foco en intentar sintonizar con nuestros interlocutores.

EN EL COLE: EGO + COMPETIR

La falta de sintonía en la relación entre docentes y familias es algo habitual. El estudio *Estado de ánimo de los profesores en España*, que contó con la participación de cerca de cuatro mil docentes, reveló que la segunda causa que más desestabiliza al docente es la relación con las familias. La primera causa que afecta a su salud mental es la burocracia que impone la administración pública y que tanto aleja al docente de su función principal que es la de formar y educar a sus alumnos.

Es tan paradójica e improductiva como triste que esa falta de sintonía se produzca entre dos colectivos —familias y docentes— que tienen un mismo objetivo: que los hijos/alumnos sean personas competentes, responsables y buenos ciudadanos. A pesar de tener el mismo y trascendental objetivo, sus respectivos egos les impiden «moverse de frecuencia» para intentar que la colaboración y la conversación fructifiquen.

Mensaje para conversadores

La falta de sintonía es consecuencia del ego que nos impide tratar de ver la perspectiva de nuestro interlocutor.

Escribe Blaise Pascal en *Sobre la futilidad de la vida*: «Cuando se quiere reprender a alguien de manera útil y mostrarle que está equivocado, hay que observar desde qué perspectiva percibe tal cosa, puesto que suele ser cierta desde ese lado, y reconocerle esta verdad, pero descubrirle desde qué perspectiva es falsa. De esta manera se dará por satisfecho, pues verá que no se equivocaba, y que solo le faltó ver todos los lados de la cosa.»

Vivimos en una época en la que muchas madres y padres consideran que sus hijos son suyos, de su propiedad y cualquier crítica hacia su «posesión» es un ataque hacia su persona. Los buenos docentes se sienten en la necesidad de trabajar en equipo educativo con las familias y aportar sus percepciones, sobre todo cuando el alumno tiene un actitud o rendimiento deficiente. La madre o el padre se defienden hablando bien de «su propiedad» y en su defensa arremeten contra el profesor. También puede ocurrir que el profesor no sea de los mejores y haya razones objetivas para desear que nuestro hijo tenga otro.

Salvo que el profesor haya hecho algo muy malo que merezca su despido, va a ser la persona con la que nuestro hijo se va a ver durante todo un curso. El buen conversador busca ayudar al profesor sintonizando con él o con ella, ofreciéndole confianza, reconociéndole para que sea el mejor profesor posible dentro de sus posibles limitaciones. Hacer caso a las enseñanzas de Blaise Pascal, tratando de que quien mueva el dial —sea profesor o familia— se ponga a mirar las razones del otro nos ayudarán a que esa sintonía se produzca.

EN EL TRABAJO: EGO + MIEDO

Los centros de trabajo son una fuente continuada de desajustes de sintonía entre jefes y subordinados y entre departamentos.

Una de las emociones que sobrevuelan las relaciones en el entorno laboral es el miedo. El miedo a perder el trabajo, a perder protagonismo, a no decir lo que el jefe o jefa espera de nosotros, a que un compañero diga algo que pueda hacernos caer en desgracia, a que el CEO no nos salude y nos sintamos despreciados. En definitiva, nuestro ego se siente vulnerable y reacciona convirtiéndonos en otro ser diferente al que éramos antes de cruzar el umbral real o virtual de nuestro puesto de trabajo.

Muchas personas sienten que la sintonía en la que emiten las personas de las que depende su vida laboral está en una onda diferente a la suya y eso les incomoda, les estresa, les hace infelices e incluso les enferma. El jefe es el responsable de que el equipo sintonice sus conversaciones en la misma frecuencia para conseguir que las personas puedan ofrecer lo mejor de sí mismas para el proyecto colectivo que es la empresa.

La falta de sintonía es, a veces, tan patética que al afectado le produce malestar y al espectador sonrojo, indignación. Hay jefes que leerán estas líneas y no se sentirán apelados porque quizás consideren que son sus subordinados los que deben hacer el esfuerzo para lograr sintonizar con él o con ella.

Conozco, como todo el mundo, a muchas personas que acuden a sus trabajos intentando sintonizar desesperadamente con sus jefes para complacerles porque quieren mantener su puesto de trabajo. Lo quieren conservar no porque les ilusione o se sientan felices y productivos, sino porque el trabajo cumple con el propósito que otro cualquiera también les proporcionaría: un salario a fin de mes. Es un asunto de capital importancia lograr que el trabajo sea una fuente de propósito más allá del salario. No hace falta que sea ilusionante, motivador, eso es imposible en muchas tareas. No hace falta que nos engañemos. El lugar de trabajo solo necesita ser un espacio que nos ofrezca normalidad, seguridad y sintonía con el resto de las personas con las que interactuamos.

Recomendación para conversadores

En 2008 publiqué mi primer libro bajo el título *Los diez pecados capitales del jefe* en los que proponía once (diez más una) actitudes o pecados negativos de un jefe que tenían consecuencias en la productividad y felicidad de las personas que trabajaban con él.

El ego excesivo del jefe delata un habitual narcisismo que impide que las relaciones entre dos personas sean normales. Es muy habitual que los jefes se expresen utilizando el posesivo cuando hablan de las personas con las que forman equipo («aquí estoy con las personas de mi equipo» en una foto de LinkedIn), quieran que sus subordinados estén más pendientes de satisfacerles a ellos que de su propio trabajo o utilicen expresiones ridículas (conocí a un jefe llamado Juan que hablaba de «juanadas» cuando quería referirse a sus ocurrencias o hablaba de su equipo como su «guardia pretoriana»).

Me atrevería a decir que la mayoría de las personas prefieren asentir al ego del jefe aunque eso suponga una cierta o gran pérdida de dignidad por miedo a perder un puesto de trabajo y por la inseguridad de poder conseguir uno nuevo.

En nuestra calidad de conversadores es aconsejable que tengamos en cuenta que:

—Como jefes podemos proporcionar el espacio adecuado para la sintonización de las conversaciones que serán, sin duda, el elemento más trascendental en la creación de valor, cambio, ideas, progreso y solidaridad de las personas que trabajan con nosotros.

—Como subordinados, tenemos menos poder, pero sí la posibilidad de aportar un estilo, una sintonía con la esperanza de que el resto de los compañeros se sumen a ella. Si el espacio donde estamos está en un «dial» muy diferente al nuestro, es mejor que nos armemos de valor e intentemos buscar nuevos retos donde podamos aportar lo mejor de nosotros mismos.

EN CASA, CON NUESTRO CÓNYUGE E HIJOS: EGO + DESCORTESÍA

Las buenas formas empiezan en casa, reza un dicho inglés que mi madre —londinense de nacimiento— me recordaba para que, supongo, no cometiera el error de ser educado con otros y no serlo en casa.

El dicho inglés es muy apropiado y quizás sea afín al español «la confianza da asco» para alertarnos de que la confianza no debe confundirse con la descortesía, la falta de amabilidad y de educación; en definitiva, con la falta de interés por sintonizar con los que más queremos y a los que nuestro ego —otra vez el maldito ego— desprecia por conocidos.

La experta educativa Amaya de Miguel —la creadora del movimiento y libro *Relájate y educa*— nos propone que nuestra llegada a casa desde el trabajo sea un punto y aparte en el que empezamos por tomar conciencia del acto y una revisión de nuestro personaje y nuestras intenciones. «Entramos en el territorio de la familia. Fuera de casa somos encantadores y amables y cuando entramos en casa podemos convertirnos en un monstruo. Por eso es importante que tengamos un plan», dice Amaya.

Cuando tomamos la decisión de sintonizar con nuestros hijos y nuestro cónyuge asumimos una responsabilidad sobre las relaciones con las personas que más queremos y con las que más habitualmente tenemos roces. Esa responsabilidad es un gesto de generosidad, de humildad, de expulsión del ego.

Recomendación para conversadores

La decisión de intentar la sintonización en el ámbito familiar es probablemente una decisión de cambio de vida.

La mitad de los matrimonios acaban en ruptura, muchos hermanos han dejado de hablarse, las relaciones entre madres, padre e hijos son a veces tóxicas, llenas de reproches.

Dice la psicóloga Patricia Ramírez que «el reproche es la tumba del amor».

Cuando uno tiene la oportunidad de escuchar a los dos bandos —a los dos cónyuges, los dos hermanos en disputa o a la madre y a la hija— normalmente no hay causas objetivamente terribles para que la ruptura se haya producido. Cada uno está en una frecuencia diferente y narra al otro como un ser con el que la comunicación (conversación) ha sido imposible porque estaba «en otra onda».

Como en todos los casos anteriores, pero en este ámbito más, nos cuesta no intentar cambiar a la otra persona para imponer nuestra frecuencia como aquella en la que todos deban sintonizar para entendernos.

Hacer un esfuerzo para adaptarnos a la frecuencia de nuestro hijo adolescente o de nuestro cónyuge no es una derrota. Bien al contrario, salimos vencedores porque es gracias a nuestro esfuerzo de sintonización el que consigamos que las conversaciones en casa fructifiquen. Se trata de una victoria cuya recompensa es una mejora en la convivencia familiar que merece la pena ser celebrada.

El ego es una gigantesca y eterna droga de la que solo podremos quitarnos si tomamos conciencia de ella, como ocurre con todas las drogas. No hay clínica de rehabilitación para el ego, es muy posible que nadie nos vaya a decir nunca que estamos enganchados. En la mayoría de los casos estamos solos enfrentados ante la droga que, como cualquier otra, dificulta —e incluso imposibilita— las relaciones con los demás, distorsiona la realidad.

Cuando el ego excesivo aparece, nos hace ser ridículos a pesar de que quizás creamos que estamos impresionando. Nos debilita aunque pensemos que nuestras ego-declaraciones nos están reforzando. Es imposible sintonizar de verdad con otras personas en una ego-competición por ser más, por querer sobresalir. Todos conocemos casos extraordinarios de personas egocéntricas (creen que son el centro de atención) y ególatras (tienen un amor exagerado por sí mismos). Auto diagnosticar nuestra propia ego-enfermedad es el reto del buen conversador. Si tenemos la suerte de que un buen amigo con quien compartimos conversaciones nos mencione «el problema», merece la pena que tratemos de reflexionar y domesticar a nuestro pertinaz visitante y enemigo.

Escribo estas líneas con la intención de transmitir mi propia experiencia. Conozco bien la teoría sobre el daño que hace el ego y sus consecuencias negativas al querer demostrar un conocimiento o una vivencia con la intención de impresionar. El ego aflora y a veces su aparición se hace incontrolable, solo cabe lamentar la situación *a posteriori* y prometerme que la próxima vez se será más prudente y discreto. Es el narcisismo que la mayoría llevamos incorporado en mayor o menor medida.

Eric Fromm escribe en *El corazón del hombre* que «solo si el hombre puede suprimir la ilusión de su ego indestructible, solo si puede renunciar a ella juntamente con todos los demás objetos de su anhelo, solo entonces, puede abrirse al mundo y relacionarse plenamente con él». El narcisismo es una de las tres fuerzas destructoras a las que el psicoanalista y filósofo alemán dedica el mencionado libro. Las otras dos son la necrofilia y los vínculos incestuosos. En relación con la máxima expresión de sintonía, que es el amor, Fromm menciona que «el amor no patológico no se basa en el narcisismo mutuo. Es una relación entre dos personas que se sienten independientes porque para sentir amor hay que sentir separación o independencia». De este pensamiento podemos extraer la conclusión de que crear la sintonía entre dos conversadores no significa que uno haya sucumbido al otro para formar parte de él, sino que necesitamos entidades separadas que llegan al hecho conversativo con sus respectivas frecuencias y hacen el esfuerzo de adaptarse la una a la otra. Fromm lo expresa de una forma bella: «en el amor al extraño se desvaneció el amor narcisista, porque significa amar a otro ser humano en su peculiaridad y en su diferencia conmigo, no porque se parezca a mí. Solo es posible amar al extraño y al enemigo si se ha vencido al narcisismo, si logramos llegar a interiorizar que «yo soy tú».

En definitiva, la capacidad de tomar la iniciativa en nuestras conversaciones para mover el dial y sintonizar con quienes interactuamos es un acto de amor que es antagónico al ego excesivo o narcisista.

Recomendación para conversadores

El narcisista puede ser alguien con mucho poder, como Hitler. Pero también puede ser alguien que tengamos a nuestro lado, que se sienta inseguro con respecto a la valoración que los demás hacen de su persona y defienda su territorio sin importarle los demás. No va a cambiar de frecuencia para sintonizar con el otro, lo percibiría como una derrota y por eso no lo va a hacer.

El narcisismo de Hitler conectó con el pueblo por muchas razones y una de ellas es que los narcisistas necesitan de jefes narcisistas para sentirse reflejados en ellos. Este fenómeno produce una gran sintonía tribal entre los narcisistas al tiempo que una gran alienación de los que se encuentran fuera de esa tribu. Este fenómeno puede verse con frecuencia en empresas con jefes narcisistas que tienen empleados-fans réplica de narcisistas y el resto de la empresa sufriendo por no formar parte de la casta.

El narcisista común puede contar con sus adeptos —una especie de hijos que le quieran incondicionalmente— pero expulsará a otras personas del entorno, imposibilitando la sintonización. En ese contexto, se hace difícil generar confianza entre dos personas, lo cual imposibilita que las conversaciones fructifiquen.

Nos resulta espinoso atravesar el camino de la reflexión y la autocrítica para intentar evitar que nuestro narcisismo dañe a los demás. Normalmente no somos conscientes y es posible que valoremos como exageradas o irreales la apreciación de los demás.

Quizás sea aún más arduo poder explicarle a una tercera persona nuestros sentimientos con respecto a la percepción de su narcisismo. Escribe Estrella Montolío que «a menudo necesitamos cierto valor para proponer a nuestros congéneres el tránsito desde una comunicación banal hacia una conversación valiosa. Ya se sabe: ¡la diosa fortuna favorece a los valientes!».

Tanto si somos nosotros narcisistas o víctimas del narcisismo de otra persona, la conversación interior y exterior podría resultar sanadora y útil. Producir el cambio es un reto que no será fácil.

Hay declaraciones que facilitan la sintonización con nuestros interlocutores y que, a veces, se nos resisten. Destacamos: no sé, gracias, perdón, tienes razón, te valoro, admiro o reconozco.

«**No sé**»: es una declaración de ignorancia, de humildad que nos abre hacia el aprendizaje de algo que nuestro interlocutor nos pueda enseñar. A veces parece como si nos obligáramos a saber de todo, como si reconocer nuestra ignorancia sobre un tema del que sabe la persona con la que estamos hablando nos dejara en un lugar inferior (¡otra vez el ego!). El reconocer que ignoramos, que no sabemos de lo que el otro sí sabe, facilita la sintonización y nos permite aprovechar la esencia de la conversación: aprender algo del encuentro con el otro. Si, en cambio, siempre asentimos como si supiéramos, aunque no sepamos, nos alejaremos generando una desconfianza por falta de autenticidad.

«**Gracias**»: según Rafael Echeverría, «por no agradecer, podemos generar resentimiento, y quien se esmeró en servirnos, en estar cerca nuestro, termina diciendo "y no dijo ni gracias". Es muy posible que en el futuro no volvamos a contar, si puede evitarlo, con su ayuda». La gratitud es una declaración que nos ayuda a provocar sintonía con una persona que ve recompensada su voluntad o su acto con una palabra que le produce confort, siempre que sea dicha con verdad. «Es una persona con la que da gusto tratar, es tan agradecida», «me sentiría mucho mejor si todos los clientes fueran tan agradecidos, algunas veces parece que no existes», «mi hijo me hace feliz cuando me agradece los esfuerzos que hemos hecho sin que yo no le diga nada» son manifestaciones reales de otras tantas personas que reconocen que esos agradecimientos han sintonizado con ellas.

«Perdón»: un quiebre en una relación tiene normalmente un origen. Ese quiebre hace que uno de los interlocutores tenga la habilidad de reconocer un posible dolor producido en el otro. Quizás el dolor haya sido producido involuntariamente, pero aun así ha hecho que la frecuencia en la que dos amigos sintonizaban quede repentinamente inservible para disfrutar el placer y el poder de la buena conversación entre ambos. Quien produce el dolor puede (y debe) utilizar la declaración de perdón que nos permite asumir nuestra responsabilidad sobre ese dolor y manifestarlo de forma explícita. Quien recibe el perdón tiene la potestad de aceptarlo y restablecer la sintonía perdida. Es conveniente decir que no siempre el perdón es suficiente. Nuestras acciones pueden necesitar de una reparación o compensación o simplemente el afectado no considera oportuno perdonarnos, lo cual le sume en un resentimiento que impide volver a la sintonía previa. Echeverría menciona la frase de Nietzsche, «el resentimiento es la emoción del esclavo», que expresa la situación en la que queda el resentido.

> Una discusión sobre política desembocó en una discusión entre dos personas de la que una de ellas salió muy dolida. La actuación del que produjo el dolor fue involuntaria, pero el dolido manifestó que una determinada expresión le produjo mal porque percibió que se le estaba comunicando implícitamente que se le consideraba inferior. Nada más lejos de la verdadera intención del autor de la frase. Este comprendió el daño producido y le manifestó a su amigo de forma sincera su petición de perdón que nunca ha sido aceptada a pesar de haber transcurrido cerca de dos años. Se trataba de una buena relación de muchos años y el causante del dolor hizo la petición de perdón en repetidas ocasiones. Cuando ahora los dos examigos se encuentran por la calle el peticionario de perdón se siente liberado y nota de forma palpable el resentimiento de quien fuera su amigo, aunque solo se produzca un breve intercambio de palabras.

«Tienes razón»: «Nos negamos a que nos corrijan, cuando habríamos de buscarlo y hacerlo, en particular, si es a título de conversación, no de enseñanza. En cambio, aprendemos a discutir para contradecir. Contradecir a cada cual y ser contradicho hace que el fruto de la conversación sea perder y anular la verdad», escribe Mariano Sigman en *La vida secreta de la mente.* ¿Quién puede sintonizarse con alguien que le pone pegas de forma sistemática a lo que uno dice? ¿De verdad que cada vez que contradecimos lo hacemos de forma razonada o porque un mal instinto o inercia nos hace querer ser protagonistas (¡otra vez el ego!) para aportar nuestro granito de arena, aunque sea negro e innecesario? «Tienes razón», «estoy de acuerdo con lo que dices», «me gusta lo que acabas de decir», «me haces sentir bien» son frases de asentimiento y conexión que dichas desde la autenticidad y con cariño ayudan a crear esa deseable sintonía con quienes nos encontramos.

«Reconocimiento»: saber que aportamos valor, que nuestra acción tiene un reconocimiento da sentido a nuestra vida. Por eso las palabras en las que ofrecemos un reconocimiento a las personas con las que interactuamos son fuente de sintonía. Si nuestro objetivo es sintonizar con otra persona, aportemos a nuestras conversaciones aspectos positivos que provocan bienestar, reducen o eliminan los estados de alerta, generan confianza.

Y hay una no declaración que nos puede ayudar a mantener y no destruir la sintonía: **callarnos**. Hay veces que alguien desde dentro nos empuja a decir algo, aunque nuestra cabeza sepa que no va a ayudar. Sí, otra vez el ego, que quiere hacernos sobresalir, decir la verdad «porque es mi verdad». Pero qué bien nos vamos a sentir si habiendo callado después reflexionamos sobre nuestra prudencia. Lo que íbamos a decir no aportaba nada nuevo, solo un punto de vista que iba a molestar. Incluso con las personas más apreciadas, salvo que pactemos de forma sincera que van a saber aceptar que algunas veces desbarremos, es mejor no jugarnos nuestra sintonía por nimiedades. Es mejor callar y no ser un bocazas.

> Yuval Noah Harari manifiesta es una conversación con Jon Kabat Zinn (el fundador de sistema de mindfulness para la reducción del estrés; sus siglas en inglés son MBSR) que el hecho de que nos veamos abocados a tener que decir las cosas más rápido limita nuestra posibilidad para equivocarnos y corregir el error. Esa tensión, dice el autor de Sapiens, nos produce ansiedad puesto que queremos evitar a toda cosa decir algo que nos pudiera comprometer y sea sacado de contexto. Ello supone un examen continuo para quien sus declaraciones siempre están sometidas al escrutinio público, como es su caso. Harari comparte que tiene un pacto con su marido para que este sepa asumir que cuando está con él, dirá lo que se le venga a la cabeza, sin filtro alguno, sin que se produzca malestar alguno por su parte.

El pacto de Harari con su marido es sencillo de decir, mucho más difícil de llevar a cabo y ser cumplido. Supongo que muchos tenemos nuestras prevenciones de decir determinadas cosas a las personas con las que convivimos porque sabemos que lo que digamos puede sentar mal. Preferimos ser prudentes, y no compartir opiniones o sentimientos por el temor a provocar un malestar innecesario y una crisis que no deseamos. Sería preferible tener la oportunidad de pasar de una conversación banal y prudente a una conversación valiosa, valiente y sincera como nos proponía Montolío, pero a veces no lo queremos asumir e incluso es conveniente no arriesgarse. Conseguir ese grado de sintonización en la que sabemos que los comentarios que se nos hagan, por desafortunados que sean, están dichos con buena intención y pueden ser objeto de discusión y revisión sería lograr una sintonía absoluta.

Sintonizar no debiera significar perder autenticidad. Quizás debamos ser prudentes y al tiempo ser auténticos porque de lo contrario no conseguiremos que nuestra sintonización perdure. En definitiva, salvo en aquellos casos en los que se ha logrado —como Harari— un nivel máximo de sintonía, deberemos compatibilizar la autenticidad que nos permita mantener nuestra identidad y ser, al tiempo, prudentemente inteligentes para evitar el daño.

La sintonía y la autenticidad se llevan mal con los mensajes implícitos, aquellos en los que manifestamos un mensaje sin haberlo expresado en palabras. De esta manera el mensaje ha sido comunicado sin haber sido dicho. A modo de ejemplo:

—Me gusta que me avises cuando viene Juan —le dice una madre a su hija en un tono que invita a pensar que está molesta.

—Siento haberte molestado, procuraré no hacerlo otra vez —responde muy amablemente la hija.

—No he dicho que estuviera molesta, ¿por qué te inventas que estoy molesta? —pregunta la madre de forma agresiva.

—Bueno, es lo que parecía —trata de apaciguar la hija.

—Pues no te inventes cosas que yo no he dicho, solo te he pedido que me avises si vienes con alguien a casa. Me parece una petición normal —sentencia la madre dejando abierta una situación de conflicto.

La realidad es que la madre estaba molesta pero no quiere reconocerlo (¡otra vez el ego!) y nadie puede demostrar que lo estaba porque ella no lo ha dicho. Esta falta de autenticidad imposibilita la sintonía entre dos personas y provoca un conflicto junto con un clima de desconfianza innecesario. Si la madre hubiera respondido a las excusas de la hija de esta manera: «Sí, me he molestado porque te resulta muy fácil avisar y ya sabes que no me gusta no estar preparada para las visitas. Gracias por avisarme las siguientes veces», la sintonía entre ambas se hubiera fortalecido.

Como se ha podido comprobar a lo largo del capítulo, hay muchas oportunidades para mover el dial e intentar hacer que el placer de la conversación se produzca, para la toma de conciencia activa, para sintonizar con nuestros interlocutores y para una continua revisión de nuestro ego.

> A todos se nos aparece ese incómodo enemigo de las buenas relaciones y conversaciones que es el ego. Cuando eso ocurre, lo detecto y lo piso con fuerza y fiereza hasta hacerlo desaparecer. (Sergio González Otal).

AUTODIAGNÓSTICO
(preguntas para reflexionar)

—¿Consideras que es posible sintonizar con otra persona que inicialmente está en una frecuencia diferente a la tuya?

—¿Cómo valoras que otra persona trate de sintonizar en tu frecuencia? ¿Te ha ocurrido en alguna ocasión?

—¿Te consideras una persona egocéntrica o ególatra?

—¿Tienes detectado cuando se te aparece el ego en tus conversaciones?

—¿Cómo aplacas el ego?

—¿Con qué personas de tu entorno observas que hay una falta de sintonía?

—¿Qué acciones puedes llevar a cabo para mejorar la sintonía con esas personas?

— 11 —

ELABORAR BUENOS MENSAJES CON BUENOS ARGUMENTOS

Es mucho más fácil manejar la emoción que la razón. Para manejar la razón hacen falta argumentos (Adela Cortina).

No es posible disfrutar del placer y del poder de una buena conversación si en su contenido no hay valor. Conversar es algo más que el mero intercambio de palabras o de lograr que el encuentro sea afable. El hecho conversativo al que nos referimos en este libro, y seguramente la razón por la que lo estás leyendo, pertenece a otra dimensión.

Una buena conversación necesita de buenos mensajes que provoquen interés, que estén bien razonados, tengan la sincera finalidad de conocer la verdad. No es necesario que una buena conversación sea larga ni profunda, un breve intercambio de buenos mensajes puede cambiarnos el día y, ¿por qué no?, la vida.

Al inicio de este libro utilizamos el pensamiento de Theodore Zeldin que considera que cada época cambia el contenido de sus conversaciones y en esta que nos ha tocado vivir «se necesita una nueva ambición de convertir la charla en conversación, esa que consigue el cambio en las personas. La conversación nos permite cambiar la forma de ver el mundo y de esa manera las conversaciones logran también cambiar el mundo».

El objetivo de este capítulo es reflexionar acerca de nuestros mensajes y los argumentos que utilizamos en nuestras conversaciones. Nos gustaría que esas reflexiones supusieran un impulso para que los mensajes y argumentos de nuestras conversaciones progresen.

NO SOLO *SMALL TALKS*

La mayoría de los intercambios de palabras que producimos a lo largo de nuestra vida son intrascendentes. Un ¿cómo estás?, ¿qué tal has dormido?, hola y adiós, qué tengas un buen día, ¿qué tal hoy?, bien, todo bien, ¡vaya frío que hace!, bueno, no tanto, si te arropas convenientemente, ¿hay novedades en el trabajo?, ninguna, todo sigue igual, ¿has visto lo de la guerra?, sí, terrible, no sé a dónde nos lleva el mundo, y cientos o quizás miles de pequeñas conversaciones, así lo llaman los anglosajones: *small talks*.

Las *small talks* son inevitables; a veces vamos con prisa, no tenemos ganas de detenernos a hablar o estamos ocupados con alguna otra cosa. Lo que quizás no sea tan deseable es que todas (o casi todas) nuestras interacciones sean *small talks*. Al inicio de este libro nos referimos a la costumbre de Celeste Headlee de anotar cuántas conversaciones —de las de verdad— mantiene a diario y nos pareció una buena idea a tener en cuenta.

Mensaje para conversadores

Hay personas de mi entorno más cercano con las que rara vez mantengo una conversación. Tenemos, a diario, unos cuantos breves intercambios de palabras, pero no conseguimos pararnos a intercambiar ideas, pensamientos…, lo que sería tener una conversación de verdad. Me da la impresión de que hay varios motivos por los que esas personas cercanas y yo no llegamos a mantener esas conversaciones que tanto desearía.

1) No todas las personas sienten esa necesidad que yo manifiesto. «¿De qué quieres que hablemos?», me podrían preguntar. Mi respuesta quizás resultara demasiado inconcreta para mi interlocutor; le diría: «sobre la vida».

2) Hablar sobre la vida requiere tiempo. Para que se produzca la buena conversación no debería haber nada que nos interrumpa mientras hacemos algo tan importante. Nuestras vidas están llenas de oportunidades que nos invitan a no conversar, entre ellas:

—El móvil: hay personas que reciben continuamente mensajes y tienen el deseo de contestarlos rápidamente porque esa es la dinámica que tienen con sus amigos.

—El orden de prioridades y preferencias: por delante de la conversación pueden estar las series, un libro o quizás yo no sea el interlocutor más atractivo para la persona con quien deseo hablar.

—Las obligaciones reales o las auto impuestas: según Byung-Chul Han, vivimos en la sociedad del cansancio, del intento de que cada minuto sea productivo, hasta el extremo de profesionalizar nuestro tiempo libre.

—Por último, conversar requiere un esfuerzo y cierta valentía: si se conversa hay que contestar, en ocasiones afrontar situaciones incómodas, dejar aflorar los sentimientos. Conversar exige pensar, arriesgarse y quizás tengamos miedo a no quedar a la altura de lo que creemos que se espera de nosotros. Conversar necesita acción y energía algo que otras actividades no nos exigen.

Sería deseable que a los que nos gusta conversar no nos frustremos y sigamos intentando invitar a conversar sin forzar la conversación. Quizás las primeras veces cuesta, pero una vez que se practica..., ¡aprendes a amar la conversación! Hagamos publicidad de la conversación conversando, proponiendo temas, ideas. Nos podrá llevar meses, años, quizás toda una vida. Será por una buena labor.

Dice la neurocientífica Ana Ibáñez que «cada uno tenemos nuestros talentos. Si tú tienes el talento de conversar, ponlo al servicio de los demás para que los cerebros de los demás también tengan la oportunidad de aprender».

LA ATENCIÓN

> Para tomar conciencia incluso de las realidades más sencillas es necesario poner atención y las masas humanas no prestan atención(Simone Weil).

No es posible elaborar buenos mensajes y argumentos si no prestamos atención. Ser capaces de colocar nuestro mensaje sin atender al devenir de la conversación puede resultar tan ineficaz como ridículo. Supongo que el lector retiene en su memoria conversaciones en las que un interlocutor pareciera como si no estuviera presente en el intercambio de ideas y vuelca un pensamiento que no guarda relación con lo que se dice. En ocasiones podemos reclamar la atención del «espontáneo», en otras ocasiones preferimos callarnos, recomenzar como si nada hubiera ocurrido o intentar zanjar la conversación en vista de lo acaecido.

Si queremos disfrutar del placer y el poder de una buena conversación es imprescindible entrenar nuestra capacidad de atender. Son muchas las personas que reconocen haber pedido esa aptitud. Una sencilla y potente técnica para aumentar la atención es ralentizar deliberadamente. La práctica del yoga, el taichí o la meditación puede ayudarnos a incorporar esa rutina. Esas prácticas son recomendables, pero no son necesarias para lograr nuestro objetivo. Basta con tomar conciencia y ralentizar nuestros sentidos en el transcurso de la conversación. «La lentitud alimenta la atención y la velocidad la destruye», escribe Johann Hari.

Mensaje para conversadores

En general, hemos perdido la habilidad de prestar atención, pero hay quien la mantiene intacta e incluso la potencia.

Durante una reunión de trabajo en la que el asunto que se trataba era la conversación se habló del progresivo desinterés por escuchar historias ajenas. Uno de los participantes de la reunión expuso de forma muy expresiva y concreta su sorpresa por este fenómeno:

—No lo entiendo, ¿para qué va uno a una conversación a contar lo suyo, que ya se lo sabe? Lo interesante es escuchar historias ajenas de las que uno siempre aprende.

Todos asentimos. El mismo interlocutor añadió una reflexión sugestiva de su vida personal:

—Después de divorciarme, tuve mi época «golfa». Las chicas con las que salía admiraban mi interés por sus relatos, pensamientos y se sorprendían de que fuera así. Creo que lo que ligué fue gracias a eso. Si uno atiende puede aportar más y mejor y eso a todo el mundo nos gusta.

Tengo la sensación de que la mayoría de las personas daremos por buena la conversación en la que nos convertimos en protagonistas o al menos aquella en donde hayamos podido participar habiendo hablado de «lo nuestro». Creemos que habiendo participado (hablado) mucho es como dejamos una buena impresión, pero creamos verdadero valor en la conversación cuando somos capaces de intervenir con buenos mensajes y argumentos que vengan al caso, siendo capaces de hacer que la conversación se convierta en una bella historia.

Todos queremos que se nos preste atención, lo valoramos y agradecemos. Según el filósofo cordobés José Carlos Ruiz deberíamos devolver con intereses el préstamo de atención que nos han hecho. Transmitir buenos mensajes con buenos argumentos y formas nos ayudará a que esa devolución sea efectiva.

LOS TEMAS DE CONVERSACIÓN

Recuerdo que, con aproximadamente quince años, en las primeras salidas con una chica a solas, tenía mucho miedo a no saber de qué hablar. Me imaginaba a mí mismo sentado con una chica que me gustaba, tomando una cerveza o un refresco y desviando nuestras miradas hacia el techo sin mediar palabra. Esa falta de temas de conversación se prolongó durante mucho tiempo; me manejaba mejor en la pista de baile —donde no hay mucho de qué hablar y puedes ir más fácilmente a lo que interesa—. Atribuyo esa falta de contenido en mis conversaciones a la ausencia de interés por las cosas importantes de la vida, a mi escasa cultura —no leía libros, apenas iba al cine, ni a museos— y, en definitiva, a vivir una adolescencia difícil (especialmente para mis padres).

Cuando me incorporé al mercado laboral, con diecinueve años, el tema preferido de mis pensamientos y conversaciones fue el trabajo. Esta etapa duró muchos años, el trabajo se convirtió en el centro de mis ambiciones y preocupaciones. Tuve hijos, pero el trabajo seguía siendo el protagonista.

El ser espectador de muy buenas conversaciones y empezar a leer ensayos de tinte filosófico me permitió evolucionar. Todo ello mejoró mi capacidad para proponer buenos temas en las conversaciones. Apareció en mi vida el descubrimiento más importante para que la conversación fluya: el poder de la pregunta —de la que hablaremos en el próximo capítulo—.

En una clasificación muy básica podríamos decir que hay personas que tienen buenos e interesantes temas de conversación y otras que no. El interés por unos temas u otros no es universal dado que cada uno tenemos ciertas preferencias sobre de qué hablar. Creo que no deberíamos considerar como buenos conversadores a aquellos que solo saben hablar de los temas que afectan a su tribu y que se convierten en alienantes para el resto de la humanidad. Quizás el ejemplo más extendido sea el trabajo, hay para quienes el trabajo es su tema preferido y casi único de conversación (fundamentalmente los chismes, las críticas que unen mucho), lo cual supone —inicialmente— una ausencia de contenido vital y conversacional.

Volviendo a mi vida de conversador adolescente, no tengo duda alguna de que hubiera tenido mucho más éxito con las chicas habiendo aportado más y mejores temas de conversación. El éxito en las relaciones valiosas, sean cuales sean, está en gran medida determinado por ser o no conversadores con temas interesantes. Una persona con buenos temas de conversación es *per se* una persona atractiva. Merece la pena, por tanto, que nos dediquemos a mejorar nuestras habilidades para aportar temas interesantes a las conversaciones.

Mensaje para conversadores

La conveniencia o no de los temas que propongamos en nuestras conversaciones dependerá de muchos factores. Variará mucho si se trata de un primer encuentro fugaz o de una relación de muchos años, pero, en cambio, baldía en lo que a las conversaciones se refiere. Será diferente si se trata de una conversación laboral con un cliente a la que acudimos con un interés de proyectar una buena imagen, o si, por el contrario, hablamos con amigos.

A nivel general, es más fácil encontrar en nuestra «estantería mental» buenos temas de conversación si estamos bien informados, leemos, vamos al cine, teatro, exposiciones, somos atentos espectadores de la vida y sobre todo mantenemos buenas conversaciones. La práctica recurrente y atenta de la conversación nos convierte, por lo general, en mejores conversadores.

Todos hemos podido experimentar como personas sin formación reglada tienen una cosmovisión propia que les hace ser personas muy interesantes. Reflexionar acerca de cómo interpretamos la vida, hacernos preguntas sobre el devenir de la existencia y sobre todo interesarnos por saber cómo la ven los demás es un tema apasionante. No es necesario que tengamos conversaciones profundas para que sean buenas conversaciones. Pero es igualmente cierto que ahondar en la esencia del ser humano y de nuestro propio autoconocimiento, así como de la gente con la que nos relacionamos puede ser un ejercicio que nos ayude a disfrutar más del placer de la conversación. Aunque tengamos la intención de hacerlo en algunas ocasiones, no siempre se nos va a dar la oportunidad para llegar a esa profundidad o quizás nos encontremos con interlocutores reacios a abordar ese tipo de conversaciones.

TRES CASOS REALES para tener BUENOS TEMAS DE CONVERSACIÓN

1. **Iniciar una conversación para conocernos mejor:** Mariano Sigman regaló un díptico con noventa y nueve preguntas para iniciar una conversación a todos los asistentes a la presentación de su libro. El propósito del neurocientífico argentino era facilitar buenos temas para que personas que no se conocieran entre sí eligieran alguna de esas preguntas e intentaran conversar. El resultado es mágico. En mi caso, fuimos un grupo de cuatro personas que durante unos minutos respondimos a la pregunta cuarentaicuatro: «Si te encuentras un problema que es más difícil de lo que puedes hacer: ¿te tira para abajo o te alienta? ¿Te gustaría cambiar esa disposición?». En esos pocos minutos de conversación improvisada, unos aprendimos de otros. En el grupo había una mujer que sentía que siempre se dejaba derrotar por los problemas. Ella descubrió, gracias a otro de los intervinientes, que la clave es elegir bien los problemas a los que enfrentarte e iniciar la lucha por aquellos que realmente merecen la pena. Durante un tiempo utilicé la primera de las preguntas del díptico de Sigman, «¿cuál es tu primer recuerdo?», en encuentros muy variados: en una primera conversación con un taxista o con una persona que conocía de toda la vida y con la que había quedado a conversar. Para que la pregunta no resultará inadecuada o no venida a cuento, yo explicaba que hacía esta pregunta a muchas personas porque estaba muy interesado y solicitaba su ayuda siempre que a mi interlocutor le apeteciera; siempre fue así. Las respuestas eran de todo tipo, pero resultaron ser una buena forma de llegar a otros temas que de otra manera no hubiéramos abordado.

2. **Buenos temas, buenos negocios:** trabajé en una empresa cuyo presidente, ahora amigo, conocía bien el poder y el placer de una buena conversación. Me descubrió lo fácil que resulta hacer que una persona se sienta muy cómoda contigo y sea mucho más fácil llegar a acuerdos. En una ocasión había quedado con un posible cliente que aparentemente no tenía

mucho interés en el producto que mi amigo vendía. Antes de acudir a la reunión se ocupó de informarse sobre sus aficiones y había una que sobresalía sobre las demás: su pasión era la astrología. Se ocupó de investigar, de estudiar para saber hacer preguntas inteligentes que hicieran que su potencial cliente sintiera que él tenía un genuino interés. La conversación se prolongó durante horas y el objetivo inicial de negocio pasó a ser lo secundario. Lo importante es que el potencial cliente llegó a la conclusión que no iba a encontrar un mejor interlocutor que el que acababa de conocer. El resultado: el cliente aceptó la propuesta de mi amigo en esa primera reunión. La conexión emocional que se había establecido en la conversación gracias a la habilidad de proponer el tema adecuado fue determinante.

3. **Los tímidos también conversan:** en una primera conversación cualquier comentario o pregunta que denote un interés real por la persona con la que estamos iniciando nuestra relación va a dar resultados positivos. ¿Cuánto tiempo llevas ocupándote de esto? ¿Te gusta lo que haces? Me gustaría saber por qué..., ¿cuál es tu opinión? Normalmente es un inicio de conversación fácil, aunque en ocasiones hay personas que les cuesta más abrirse porque son más tímidas.

> Me senté en un banco de madera en el parque del Retiro de Madrid. Hacía un día soleado y en la zona del parque en la que estaba todos los bancos estaban a la sombra, salvo uno que estaba ocupado. Le pedí permiso para sentarme en ese banco a una mujer que ocupaba el extremo del mismo (no era necesario pedir ese permiso, pero es amable hacerlo). Intenté establecer una conversación: «vaya día más bueno que hace», le dije. «Sí», contestó lacónicamente. «¿Cómo te va la vida?», le pregunté. «La vida..., ¡uff!, la vida», contestó con un tono melancólico denotando que las cosas no iban como le gustaría y no me dio pie a seguir. Me puse a leer, pasó un rato y le dije que a mí me gustaba mucho conversar, pero notaba que a ella no. «Soy muy tímida y me cuesta conversar», se confesó. «¿Cuál ha sido la mejor conversación de tu vida?», indagué. Ella pensó durante un rato —fue un silencio bello— y

me contestó: «es triste, pero la mejor conversación de mi vida ha sido con un psicólogo». «No tiene por qué ser triste. Es en parte lógico, los psicólogos suelen hablar bien, nos ayudan a entendernos mejor a nosotros mismos y esa es una conversación imbatible», le respondí con la intención de animarla. Seguimos conversando y tras unos minutos le pregunté si se sentía agredida por haberle invitado a conversar tan intrusivamente, si estaba cómoda. «Por el momento me siento muy bien y no, no me siento agredida». Le hice ver que su conversación era interesante y que, posiblemente, no era su timidez lo que le impedía conversar. «Quizás», le dije, «el problema para que cada vez conversemos menos es que tenemos poco interés sincero por el otro».

Tener la habilidad de proponer temas a personas que no conocemos al objeto de abrir la lata de la conversación resulta una experiencia apasionante. Cualquier relación puede enriquecerse con la buena conversación a través de temas que logren que el vínculo fluya. Intentemos aferrarnos a esa idea y ponerla en práctica aceptando el reto de encontrar el interés común. Parejas que llevan años conviviendo pueden ver su relación agrietada por la inercia y la ausencia de temas interesantes de conversación. Hay quienes conocen muy poco a la persona con la que conviven y esa falta de conocimiento tiene, normalmente, como origen la falta de intercambio de ideas, sentimientos, pensamientos que acontecen en una conversación. Por eso, la idea de Sigman de «jugar» a proponernos preguntas que profundicen en ese conocimiento puede resultar estimulante. (Le he pedido a mi mujer que eligiera un número. «El veinte», ha dicho, que en el díptico corresponde a la pregunta «¿hay algo que te gustaría mucho aprender? ¿Qué te impide aprenderlo?». El resultado del experimento: hemos disfrutado de la conversación).

Por tanto, ser capaces de proponer temas interesantes de conversación, atendiendo de forma flexible a los interlocutores y contexto en el que nos encontramos nos ayudará a disfrutar más del poder y del placer de una buena conversación.

A continuación, nos hacemos cuatro preguntas sobre cómo plantear temas en una conversación:

1. ¿Hablamos de política y de valores?

Depende con quien. Lo ideal es que podamos conversar de todo, pero algunas veces no merece la pena arriesgar abordando determinados temas.

Si sabemos que hay temas que nos van a enfrentar, lo más adecuado es anticipar de forma asertiva y tranquila el posible conflicto que pudiera suponer abordar ese tema para así decidir conjuntamente qué hacer con él:

—Cada vez que hablamos de política acabamos discutiendo. ¿Creéis que es mejor que volvamos a intentarlo o que no hablemos de ello?

En el caso de que hayamos decidido obviar los temas que enrarecen el ambiente sin haberlo pactado previamente, esos temas estarán siempre sobrevolando nuestras conversaciones, haciendo que nos sintamos incómodos.

—Qué rollo, no podemos hablar de la actualidad en casa de tu cuñado porque se pone hecho un basilisco.

—Pues igual que tú, los dos os transformáis cuando salen temas de política.

En el supuesto de que decidamos volver hablar de los temas que nos enfrentan, deberemos pactar cuáles son las normas y en qué momento decidimos aparcar el tema en cuestión. Ese escenario es el de una conversación entre personas maduras y responsables con lo que dicen y con sus reacciones.

2. ¿Cómo conseguir plantear un tema adecuado de conversación a mis hijos adolescentes?

Aunque hay algunas madres y padres que creen que sus hijos no tienen interés por nada, creo que se ajusta más a la realidad decir:

—Hay algunas madres y padres que no saben descubrir el interés de sus hijos.

—Hay algunas madres y padres que desincentivan el interés de sus hijos por algún tema, despreciándolo.

Todos tenemos temas que nos pueden interesar y, especialmente, las personas jóvenes. Los padres tenemos la misión de proponer temas, estar atentos a sus reacciones, acompañarlos con humildad en su viaje de descubrimiento de aquello que les gusta, sin etiquetar y desmotivar y sobre todo evitando proyectarles nuestros anhelos con el objetivo de que sean ellos los que se interesen por aquello que a nosotros nos interesa. Como dijo el poeta: «Nuestros hijos no son nuestros hijos».

> Vuestros hijos no son vuestros hijos: son los hijos y las hijas de las ansias de la vida que siente la misma Vida. (El profeta de Khalil Gibran).

3. **Tengo que conseguir romper el hielo en una conversación en un ambiente frío y hostil, ¿qué tema de conversación puedo proponer?**

Estos son algunos ejemplos de cómo conseguir superar una situación de ese tipo:

—Ayer escuché un cuento que me hizo pensar mucho, ¿me permitís que os lo cuente? Dura tres minutos.

—He leído en Internet un dato que me ha dejado atónito, a ver qué opinas...

—¿Tienes una frase preferida? La mía es...

—Vi un vídeo que planteaba un dilema moral del que me gustaría conocer tu opinión...

—He leído que estuviste trabajando en..., ¿cómo fue la experiencia allí? (o cualquier pregunta relacionada con nuestro interlocutor).

4. **¿No es mejor que los temas de conversación salgan de forma espontánea y fluida?**

Sin duda, eso es lo mejor. Pero no siempre la conversación fluye y nosotros podemos favorecer que eso ocurra. En esos casos, es mejor ir armados de algunos temas que «engrasan» la conversación.

LOS ARGUMENTOS

Saber poner sobre el «tapete» un tema adecuado para la conversación no nos asegura que esta se vaya a desarrollar fructíferamente.

Las personas que participan de la conversación van a exponer sus argumentos sobre lo que se esté hablando. La calidad de la forma de argumentar determina, en buena medida, cómo se desarrolla la conversación.

Nuestros argumentos provienen, básicamente, de

—Nuestras creencias, experiencias, intuiciones, impresiones y sentimientos sobre un determinado tema (sistema 1 de nuestra mente).

—De un proceso racional o de información contrastada (sistema 2).

El psicólogo Daniel Kahneman que fue galardonado con el Premio Nobel de Economía nos ayuda a entender esto. En su libro *Pensar rápido, pensar despacio* hace referencia a dos sistemas de la mente:

- El sistema 1 opera de manera rápida y automática, con poco o ningún esfuerzo y sin sensación de control voluntario. Es un cerebro rápido, emocional e intuitivo.
- El sistema 2 centra la atención en las actividades mentales esforzadas que lo demandan. Este sistema está asociado a la experiencia subjetiva, elegir y concentrarse. Este, en cambio, es un cerebro lento, deliberativo y lógico.

Kahneman escribió este libro para explicarnos cómo es el proceso de decisiones de las personas. Pensamos que habitualmente utilizamos y vivimos en el sistema 2, pero la realidad es que nuestras decisiones y también muchos de nuestros argumentos en las conversaciones parte del cerebro rápido, irreflexivo del sistema 1.

El sistema 1 es la causa de muchos de nuestros malos argumentos que dificultan que podamos disfrutar del placer y el poder de una buena conversación. Algunos de los malos argumentos nacidos en ese cerebro rápido son:

- **Nuestro entorno o experiencia se convierte en el argumento principal en el debate:** «en mi empresa», «tengo tres amigas», «pues en mi barrio», «conozco a muchos votantes de X y dicen que...», «he tenido relación con cinco dominicanos y son todos iguales…». Sobre esos datos particulares procedentes de nuestro pequeño y sesgado círculo construimos un argumento que pretendemos que sea norma. Además de ser argumentos poco consistentes, pueden suponer un riesgo de contagio para personas que tienen depositada su confianza en nosotros y que repetirán nuestras mismas pobres argumentaciones: hijos, subordinados en el trabajo u otras personas que nos consideran una fuente creíble.

- **WYSIATI (*What you see is all there is*) (lo que veo es lo único que creo):** es una variante del anterior. Es un acrónimo creado por Kahneman para describir un sesgo cognitivo relacionado con la utilización exclusiva de nuestro sistema 1 que basa nuestras argumentaciones solo en lo que vemos, experimentamos. En ocasiones no somos capaces de dar crédito a un dato oficial de una fuente contrastada porque damos más credibilidad a lo que nosotros hemos vivido o visto.
- **Nuestro sistema de creencias se ha apoderado de nuestra mente:** hasta el punto de que esas creencias no pueden ser refutadas por el interlocutor: No hay discusión posible sobre esas creencias porque ir contra ellas se convierte en una falta de razón e incluso una afrenta para la persona dominada por su sistema 1 del cerebro.
- **«No me hace falta verlo para saber que es una mierda. Todo lo de X es una porquería»:** se trata de argumentaciones/falacias *ad hominem* basadas en una percepción que se pretende hacer extensible a toda la obra/vida de la persona.
- **«Lo ha dicho X, así que tienes que darlo por bueno»:** se trata de la falacia inversa a la anterior. Defendemos los postulados de una tribu, de un *influencer* como un fervor mesiánico impropio de quien quiere utilizar la razón.
- **Falta de rigor y exageraciones. «El 90 % de los españoles», «la gente hace esto o lo otro», «no voy a estar todo el día haciendo la compra»:** utilizamos un argumento vehemente y rápido para poder mantener viva la conversación a nuestro favor.

- **En general cualquier argumento que se presente como una verdad incontestable que en ocasiones falta al respeto:** «yo voy a votar y quien no les vote es gilipollas» (o lo contrario).

«Hay personas que se opinan encima» es una frase atribuida al periodista Iñaki Gabilondo. Opinarse encima es otra de las razones por las que acudimos a nuestro sistema 1, el sistema rápido, irreflexivo, intuitivo. Saber decir «no sé» o callar es una sabia opción. «Quien se opina encima» tiene siempre algo que decir; la labor de opinar requiere de mucha menos reflexión y tiempo que la de pensar. He aquí un diálogo real del ansia de opinar por opinar:

> —Sobre eso no sé y no creo que ninguno de nosotros tengamos suficiente información y criterio como para opinar.
>
> —Entonces..., ¿qué hacemos? No opinamos de nada y no hablamos.
>
> —Sugiero que en nuestras conversaciones no opinemos por opinar si no tenemos suficiente información y solo estamos en condiciones de aportar nuestra limitada experiencia personal con la que nos dedicamos a pontificar sobre un asunto concreto.
>
> —Pues yo creo que mi experiencia personal es con lo que nutro mis opiniones y por lo tanto la vida es, a mi juicio, como yo la veo.

La conversación cuyo protagonista es el sistema 1 es habitual escucharla en cualquier ambiente y, de forma muy extendida, en las redes sociales. Resultan especialmente dañinas las opiniones de personas que refutan a autoridades en una materia sacando de contexto la afirmación del especialista. Otras personas reaccionan en ese entorno de forma violenta. Quizás algunas de ellas lo hagan como consecuencia de problemas de convivencia o salud mental que excede al análisis de los sistemas cerebrales que aquí se propone.

El sistema 2 nos pide preguntar, reflexionar, entender los diferentes puntos de vista, analizar y emitir. Acudimos al sistema 2 de forma consciente, buscando una respuesta a lo que se plantea. Si nuestra intención argumentativa es buena, lo haremos buscando la verdad, la bondad, la justicia, la belleza, los arquetipos platónicos, etc.

Independientemente del sistema de la mente que utilicemos debemos tener en cuenta que «con una evidencia pobre puede construirse una buena historia», una sentencia de Daniel Kahneman. La buena conversación pondrá el foco en la validez de los argumentos y no en una estética engañosa como alguna de las treinta y ocho estratagemas que Schopenhauer nos indicó en su libro y del que hablamos en un capítulo anterior.

¿Cómo podemos saber si un argumento es bueno o es malo? ¿Cómo podemos valorar la calidad de nuestros argumentos? Dice el sociólogo Enrique Domingo que debemos someter nuestras certezas a examen. «Si partimos de nuestras preguntas y de nuestras dudas en lugar de nuestras certezas, el respeto y la aceptación de la idea del otro, de la diferencia surgirá con naturalidad. Lamentablemente, para el debate de certezas solo disponemos de la tolerancia que es una especie de falso amigo (porque en el fondo no es más que una forma disimulada de negar al contrario)».

La frase del sociólogo segoviano (nacido en Sacramenia) nos invita a reflexionar sobre la necesidad de hacer autocrítica a los argumentos que exponemos en nuestras conversaciones.

Recomendación para conversadores

Nuestros argumentos merecen ser sometidos a buenas preguntas y sinceras dudas sobre si lo que planteamos constituye en sí un buen argumento. Dejemos que otras personas nos acompañen en ese viaje de preguntar y dudar e incorporemos esa fuente externa de conocimiento, apropiándonos de ella con humildad.

Solo así conseguiremos mejorar nuestra calidad de argumentación y nos enriqueceremos y mejoraremos como conversadores.

La autocrítica o revisión de los argumentos que hemos expuesto durante años en nuestras conversaciones exigirá de una humildad que es poco frecuente. Incorporar esa autocrítica o revisión supondrá un gran salto en nuestra aportación al placer y al poder de las buenas conversaciones y, por lo tanto, de nuestra convivencia.

En líneas generales, un buen argumento reúne las siguientes características:

—Sigue un razonamiento lógico que es accesible a cualquier persona (salvo los argumentos relacionados con temas que escapen a nuestro conocimiento sean del orden que sean: científicos, filosóficos, etc.).
—Está basado en razones sólidas basadas en datos e informaciones suficientemente contrastadas.
—Es capaz de contestar a las objeciones de terceros con claridad y sin retorcer la razón esencial sobre la que se basa.
—No necesita de la vehemencia para ser entendido y, en su caso, aceptado.
—No son argumentos absolutos. Reconoce la posible disparidad de argumentos válidos o fuentes aparentemente fiables con datos diferentes.

LA INTUICIÓN COMO BASE PARA LA ARGUMENTACIÓN

Imagina la presentación de una valiosa escultura etrusca en un museo de Nueva York. El museo ha invitado a la prensa, espónsores, miembros de su club privado y también a colegas de otros museos. Uno de esos colegas entra en el museo, mira a lo lejos la obra, enarca las cejas, se dirige sorprendido a su acompañante y le dice al oído: ¡es falsa, esa obra es falsa! Esta anécdota real se recoge en el libro *Inteligencia intuitiva* de Malcolm Gladwell.

Y, efectivamente, la escultura era falsa, se descubrió no mucho tiempo después.

La pregunta que nos hacemos es ¿cómo es posible que una persona descubra de un solo vistazo lo que un equipo de profesionales no ha sabido (o querido) ver?

La intuición es la respuesta. El profesional del otro museo percibió algo que solo pueden llegar a ver o diagnosticar personas que saben mucho y han desarrollado un sexto sentido, una inteligencia intuitiva.

El trabajo técnico realizado por los expertos del museo que aprobaron la compra de la escultura duró más de catorce meses y era, aparentemente, irreprochable.

La intuición es una buena base para la argumentación, pero..., solo si quien la expone cuenta con el conocimiento transformado en sabiduría que le permite decir algo tan inconcreto como: «es falsa, no sabría decirte exactamente por qué, pero sé que es falsa».

La intuición no es una base argumental válida si quien la expone lo hace en base a un pálpito basado en la nada: «Fulanito me cae mal, se nota que es mala persona, se le ve en la cara, lo intuyo».

LOS CONTRARGUMENTOS DE UN MAL ARGUMENTO

Es sano y normal que un buen argumento no sea respaldado unánimemente y que existan dos buenos argumentos contradictorios entre sí. Para que tengamos una buena conversación es necesario que los argumentos sean buenos, aunque no estemos de acuerdo con ellos. La variedad de opiniones y perspectivas, como vimos en capítulos anteriores, forma parte de la riqueza de la conversación.

En cambio, una conversación con malos argumentos se convierte en un callejón sin salida donde solo cabe la pregunta o el silencio. Es habitual que el «patrocinador» de un mal argumento lo sostenga sin dar su brazo a torcer.

Por eso, la pregunta y el silencio pueden ayudarnos al mal argumentador y a nosotros, respectivamente, a recapacitar y a pasar.

La pregunta inteligente y planteada con sincero interés puede percibirse como una ironía para el mal argumentador que en ocasiones entiende la pregunta como un ataque.

Con el silencio nos batimos en retirada queriendo dar a entender que no merece la pena meterse en ese fango.

Los malos argumentos aparecen en todo tipo de conversaciones:

> —¿Qué tal tu espalda? —le pregunto al peluquero.
>
> —Estoy muy fastidiado, el fisio me ha dicho que debo hacer estiramientos durante media hora por la mañana y por la tarde, pero no voy a hacerlos —me dice seguro de sí mismo.
>
> —Creo que te vendría bien, ayudan mucho a que los músculos se tonifiquen y que el cuerpo funcione mejor —le argumento.
>
> —Ya le he dicho al fisio que no voy a estar **todo el día** haciendo estiramientos —sentencia.
>
> Opto por callarme. Allá el, pienso.

CASO REAL

Acudo a la presentación de un libro de un buen amigo. Me siento especialmente atraído por la persona que ha elegido para acompañarle en la presentación, un reconocido escritor e intelectual con mucha presencia en los medios de comunicación.

Durante su intervención este escritor de origen castellanoleonés argumenta que hay un orden mundial que controla los hilos de todos los gobiernos. Realiza esa afirmación con una contundente seguridad que llama la atención de uno de los asistentes que en el turno de preguntas se dirige a él:

—Por lo que he entendido, usted sugiere que hay una organización que controla los designios del mundo. ¿Sabe usted de quién se trata?

—No tengo ni idea, pero es fácil saber que hay un poder supranacional al que todas las instituciones obedecen.

—¿Cómo es eso posible teniendo en cuenta que hay alternancia de ideologías en los Gobiernos de cada nación?

—Eso carece de importancia. Mire, en España se aprobó la ley del divorcio por un partido de izquierdas y continua vigente después de muchos gobiernos de derechas. Es porque alguien les manda.

La argumentación es tan frágil (me atrevería a decir que infantil, de carácter *conspiranoide*, impropia de un intelectual de su categoría) que el preguntador no interpela más y en la sala se produce un silencio acompañado de un murmullo que interpreté de sorpresa y desaprobación.

Mensaje para conversadores

Es mejor asentir que disentir en una conversación. No se trata de comulgar con ruedas de molino, sino de buscar puntos de encuentro. Asentir nos acerca, disentir nos aleja.

Seguro que conoces quienes disienten de forma casi automática, «dime que dices que yo me opongo» parecen decir con esa forma de oponerse a casi todo. Si lo miramos bajo su perspectiva quizás quieran enriquecer la conversación, pero no hay interlocutor que aguante una oposición sistemática.

Por eso, es mejor disentir desde el consenso.

«Me parece muy interesante lo que dices, tengo una duda al respecto de esta cuestión...» podría ser una forma de incorporar el disenso asintiendo.

No siempre vamos a tener la oportunidad de disentir de esta manera, en ocasiones lo haremos frontalmente. Será mejor hacerlo disintiendo con el argumento y no con la persona.

Es mejor que digamos «No estoy de acuerdo con lo que dices» que «no estoy de acuerdo contigo».

Buscar puntos de encuentro nos va a ayudar a hacer que nuestras conversaciones fluyan y nos convirtamos en interlocutores más apreciados.

ALGUNOS ERRORES EXPONIENDO ARGUMENTOS

Exponer con calidad un argumento en una conversación no solo depende del qué sino también del cómo. Si nuestra exposición es farragosa hasta el punto de ser incomprensible para nuestros interlocutores, el mensaje se diluirá. Si esto ocurriera, es más probable que obtengamos una respuesta inesperada a nuestra argumentación. Esto puede ocurrir porque la distancia entre lo dicho y lo entendido es suficientemente grande como para que el interlocutor opte por salirse por peteneras. «No entiendo lo que dices, haces difícil que se te entienda, así que yo voy a lo mío», puede ser una reacción lógica a un mensaje ininteligible.

Además de la falta de claridad, hay tres errores especialmente comunes en la exposición de argumentos en una conversación:

- **Repetir:** no es conveniente repetir un mismo argumento en una misma frase o durante una conversación. Es un error que provoca que las conversaciones no avancen y se conviertan en argumentos circulares que vuelven una y otra vez sobre el mismo tema. En vez de repetir es mejor preguntar sobre la valoración que se hace de nuestros argumentos.
- **Evitar datos, apellidos, acrónimos** que no añaden ningún valor a la argumentación; pueden confundir y parecen pretender mostrar un conocimiento que no es útil para la conversación y puede resultar alienante para el interlocutor.
- **Enrollarse:** salvo que seamos un gran intelectual o sabio en una determinada materia, es recomendable optar por la concreción en la exposición de nuestras tesis argumentativas. Así se facilitará la fluidez en el intercambio de ideas y no aburriremos a nuestros interlocutores. Es curioso observar cómo hay un número significativo de personas que reconocen y anuncian que «me enrollo mucho» sin que, aparentemente, hagan nada por sintetizar en sus mensajes. Su autocrítica queda enunciada, pero sin una acción consecuente.

¿DE QUÉ ESTAMOS HABLANDO? LOS ARGUMENTOS A LA DESESPERADA

Unos capítulos atrás presentamos la distinción entre razonar y tener la razón. Los artistas de querer tener la razón exponen argumentos a la desesperada en una conversación: ponen a disposición de su ansia por tener la razón argumentos que no tienen que ver con lo que se está hablando.

Lo más corriente es que, aunque se lo reclamemos («lo que estás argumentando no tiene que ver con lo que estamos hablando»), ofrecerán una negativa tajante («claro que tiene que ver con lo que estamos hablando»). La única manera de recomponer la situación es centrar la conversación y tratar de llegar a un acuerdo sobre cuál es el objeto de esta: ¿de qué estamos hablando?

Estas situaciones conversativas aparecen en momentos de conflicto o fuerte disenso entre dos partes.

LAS FORMAS

El día que escribo estas líneas es el día de Año Nuevo, 1 de enero de 2025. Ayer celebramos la Nochevieja en mi casa. Habíamos establecido un supuesto compromiso de evitar los contenidos políticos. El motivo es que habíamos tenido experiencias negativas en celebraciones anteriores. Pero algún asunto relacionado con la vida política apareció, lo cual también podría ser fuente de alegría, saber que intentamos hablar de todo. En un momento de la conversación, una de las invitadas dijo: «Esos son unos rojos sucios» (se refería a los simpatizantes de una determinada ideología).

Para el resto de los invitados, tanto los argumentos como la propia persona quedaron completamente invalidados. Su validez como interlocutora quedó aparcada por sus formas, independientemente de su ideología. A partir de ese momento, todas sus aportaciones —incluso las que hubieran podido ser buenas— estaban marcadas por las formas con las que etiquetaba a personas por su mera adscripción ideológica. El vocabulario, el tono, el volumen, nuestra mirada, los gestos de la boca y el lenguaje corporal también acompañan a los argumentos y a nuestra capacidad de ser partícipes del placer y del poder de una buena conversación.

AUTODIAGNÓSTICO (preguntas para reflexionar)

—¿Por qué crees que a veces se habla sin saber (o sin saber suficiente) al tiempo que se muestra mucha seguridad en lo que se dice?

—¿Crees que en algunas ocasiones tú lo haces?

—¿Consideras que las formas son importantes cuando se conversa?

—¿Revisas la calidad de tus argumentos cuando debates?

—¿Crees que te repites cuando hablas con otras personas? En caso afirmativo, ¿crees que la gente no se entera? ¿Por qué?

—¿Eres riguroso (veraz) en tus argumentaciones? ¿Exageras?

—¿Sueles decir «hablo mucho», «no hay quien me calle» o alguna expresión similar? ¿Crees que deberías ser más prudente?

—¿Crees que es necesario hablar con datos o que es suficiente con la información que cada uno ha vivido?

— 12 —

SER UN ARTISTA DE LA ESCUCHA Y DE LA PREGUNTA

> Igual que hay un arte de hablar, existe un arte de escuchar (Goethe).

En este capítulo quedan unidas dos habilidades imprescindibles para poder disfrutar del poder y del placer de una buena conversación. Se tratan de dos artes complementarias: el arte de la pregunta se origina a partir del arte de la escucha.

Iñaki Gabilondo fue durante muchos años el líder de la audiencia de la radio en España. Gabilondo no utilizaba papeles en sus entrevistas, se dedicaba a escuchar para poder preguntar. A su juicio, el trabajo del periodista es informarse sobre la persona que va a entrevistar para poder entablar una conversación enriquecedora. A partir de esa información, la labor del entrevistador es escuchar con atención y sin prejuicios para poder preguntar.

> Escuchar no es poner cara de escuchar. Escuchar es querer entender. Es tener la voluntad de intentar entender. Yo, que me he pasado toda la vida queriendo intentar entender, estoy en primero de escuchar. Porque escuchar es dificilísimo y nunca se llega a aprender del todo (Iñaki Gabilondo).

Cuando conversamos el hablar y el escuchar se entrelazan. No hay conversación posible sin que ambos la protagonicen y en ambas direcciones. No puede haber escucha sin habla y si la escucha no genera un habla posterior, estaríamos ante un discurso, un monólogo o quizás un sermón, que son distintos a la conversación.

Conviene empezar diciendo que hablar bien no nos convierte en buenos escuchadores. Es más, según Celeste Headlee, es frecuente encontrar a personas con una gran oratoria que son muy deficientes escuchando. Supongo que todos podemos identificar a personas en las que conviven esa habilidad (la de hablar) con ese defecto (el no saber escuchar)

Como ya mencionamos anteriormente, muchas personas verbalizan los problemas de comunicación en la sociedad con «la gente no escucha», como si se tratara de un problema ajeno a ellos. El *coach*, empresario y escritor Jorge Salinas reta a sus alumnos preguntándoles cuál es para ellos la habilidad más importante de la vida. Surgen numerosas respuestas: la creatividad, la resiliencia, el conocimiento, el liderazgo, la constancia. Tras varias contestaciones, Jorge detiene a los alumnos, provoca un largo silencio y en un tono de voz muy bajo, pero claramente audible dice «la escucha, la habilidad más importante para nuestra vida es la escucha». A continuación, vuelve a la carga. ¿Cuál es la segunda habilidad más importante? De nuevo los alumnos se esfuerzan por aportar ideas. Jorge les vuelve a detener. Y, de nuevo, se acerca a ellos y en un tono bajo les dice «la escucha». ¿A qué no imagináis cuál es la tercera?, les pregunta y a coro todos dicen «la escucha».

La escucha es una habilidad crucial para cualquiera de los roles por los que nos desempeñamos en nuestra vida: padres, alumnos, profesores, cónyuges, hijos, nietos, jefe, subordinado; da igual. Si queremos que el desempeño sea positivo necesitamos escuchar, es una condición necesaria. Escuchar es, por una parte, la validación más natural del otro, nos permite mostrar interés por lo que otra persona nos está comunicando. La ausencia de escucha hace peligrar cualquier tipo de relación sea amorosa o amistosa, con un compañero de empresa o con un cliente. El cliente dejará de ser cliente si no es escuchado, el cónyuge no soportará una relación en la que sus sentimientos y pareceres sean obviados. Por otra parte, si no escuchamos no seremos capaces de llevarnos nada de la conversación, de enriquecernos con lo que otros seres humanos aportan. Si no escuchamos, convertimos nuestro paso por la conversación en un depósito donde hemos descargado nuestras aventuras, pareceres, quejas. Hay quien dice que ese tipo de personas son camiones de la basura que van dejando sus mierdas para que los que no les queda más remedio que escucharlas, las tengan que limpiar —de su cerebro— después.

La escucha nos permite tener mucha información sobre las personas que nos rodean. Tenemos en nuestra mano (en nuestro oído y cerebro para ser textuales) hacer que nuestras relaciones con los demás sean espectaculares. Nuestro cliente o nuestra pareja nos van a decir —escuchándolos atentamente — qué les gusta y que les disgusta, qué les preocupa o cuáles son sus deseos. Con esa información podemos satisfacerles y sorprenderles haciendo ver que son importantes para nosotros. ¿Hay algo más obvio y necesario para que una relación funcione que sentir que uno es importante para la otra persona?

Una madre está con sus hijos en casa, jugando con ellos al tiempo que su teléfono suena. Su hijo levanta la vista observando la reacción de la madre, que no es otra que seguir jugando. El niño, siete años, le dice a su madre:

—Mamá, yo creo que tú me quieres mucho.

—Anda, pues claro. Te quiero un montón. ¿Por qué lo dices ahora?

—Porque somos lo más importante para ti, siempre nos escuchas y sabes lo que nos hace falta.

La escucha está basada en la misma ética que la que nos constituye como seres lingüísticos. Por tanto, lo escrito en este libro aplica tanto a nuestro papel de habladores como de escuchadores: el dominio de intentar entender la perspectiva de nuestros interlocutores, el posible entendimiento de cómo cerebro y cuerpo están afectando a las emociones (y a las palabras) de quien habla, comprometernos a defender la conversación a través de nuestra atención como escuchadores, desprendernos de nuestro ego escuchando con generosidad y bondad. Tanto los aspectos éticos como técnicos desarrollados en el libro son aplicables a ambos roles en la conversación.

Mensaje para conversadores

Un gran escuchador podrá descubrir las inquietudes del otro y anticiparse a ellas, lo cual facilitará que las relaciones sean más fluidas y fructíferas. No debemos pretender que esto sea lo habitual, llegar a ese nivel de empatía y anticipación no es común, ni fácil. Esa habilidad, la de anticiparse a través de la escucha, está reservada a unos pocos. Creo que todos deberíamos darnos por satisfechos si las peticiones son atendidas con la escucha y su correspondiente acción. Se producirá un alto nivel de frustración si pretendemos que las personas con las que nos relacionamos intuyan nuestras necesidades. El hablador tiene la responsabilidad de pedir con claridad, contrastar que su petición ha sido entendida y el escuchador atender, interactuar a través de comentarios y preguntas que le conducirán, posiblemente, a la acción.

Es la responsabilidad de quien escucha acudir a la conversación con un ánimo positivo, evitando prejuicios u observar malas intenciones en las declaraciones del otro sin que esas intenciones puedan ser contrastadas. Me parece oportuno recordar el capítulo «Revisar nuestras intenciones» y especialmente el acuerdo de «no hacer suposiciones» que incumplimos con frecuencia en nuestro papel de escuchadores.

—¿Vas mañana a trabajar?

—Pues claro, ¿por qué, si no, estaría haciendo la comida? (En un tono que deja entrever que la pregunta no es pertinente).

—¡Ah! Vale...

En este caso hay una interpretación, por parte de quien escucha, de que la pregunta es inadecuada creando un innecesario mal ambiente. En este caso, el escuchador puede optar por una respuesta amable:

—Sí, mañana voy a trabajar. Por eso me estoy haciendo la comida.

Para este y para cualquier caso nos viene muy bien saber qué es lo que realmente significa escuchar. Rafael Echeverría escribe que «lo importante del mensaje no es lo que se ha dicho, sino lo que se hace con él. Cuando escuchamos, no lo hacemos pasivamente, creamos historias».

A partir de este pensamiento, me gusta imaginarme al mensaje con su vida propia, que sale de los pulmones de una persona que llega a los oídos-cerebro de otra que transforma ese mensaje en su propia realidad. En la mayoría de las ocasiones, el habla y la escucha coinciden. Si alguien dice «abre la puerta» es probable que en la gran mayoría de las ocasiones el receptor entienda exactamente lo mismo que el emisor. El diálogo anterior también es muy simple, pero en esa ocasión el habla y la escucha no coincidieron.

ARCO DE DISTORSIÓN

En las conversaciones se suceden intercambios de ideas, reflexiones, pareceres que no son tan simples como un «abre la puerta» o «¿vas mañana a trabajar?». El escuchador interpreta los mensajes de forma diferente a quien las emite. Esa discrepancia entre una historia y otra se denomina arco de distorsión y es el origen de numerosos conflictos.

—No fue así, yo te dije que…

—Tú dijiste eso, jamás se me ocurriría inventarme lo que tú has dicho.

—En su día me prometiste que…

—Pero ¡qué dices! Eso solo está en tu cabeza…

Incluso conversaciones que se han mantenido hace unos minutos cambian su cronología en la mente de uno u otro interlocutor

—Primero dijiste que X y después yo dije Z.

—No, no, primero dijiste Z y después X y eso lo cambia todo.

Los dos interlocutores no dan crédito a como la otra persona no recuerda cómo se han sucedido los hechos. Salvo los malintencionados, que alteran el mensaje de forma voluntaria para su propio beneficio, el arco de distorsión es un fenómeno real. Cada uno tiene en su cabeza realmente lo que está expresando. Salvo que hayamos grabado la conversación —algo que sería muy extraño— y podamos revisarla, solo nos cabe aceptar que ese fenómeno ocurre y abordar la discusión desde otro punto de partida.

Escuchar no es tan obvio y sencillo. Exige un esfuerzo de concentración, generosidad, interés verdadero por el ser humano. Ese esfuerzo se traduce en atención que es el instrumento que nos permite entender, asimilar para después interactuar. Decimos que vivimos en una gran crisis de atención, más atentos a otras conversaciones —las de los móviles— que a la que estamos protagonizando. Pero, además, es normal que nuestra capacidad de atención se resienta por la diferencia entre la velocidad de quien habla y la velocidad media de procesamiento de quien escucha, que es superior. Esa diferencia la rellenamos con otros pensamientos que nos impiden que nuestra atención sea total.

Escuchar es escuchar, dice Celeste Headlee. No es mirar con los ojos bien abiertos y fijamente. Tampoco es mover la cabeza de arriba abajo asintiendo a lo que la persona que habla está diciendo, tampoco abrir la boca como si estuviéramos absortos mostrando un supuesto interés del que carecemos, ni repetir las últimas palabras de cada frase para que se sepa que estamos atentos. No se trata de eso, por mucho que esto se repita en conferencias y manuales. Hacer todas esas cosas pueden estar bien si a alguien le ayudan en el ejercicio de escuchar, pero no son necesarias. Escuchar requiere escuchar. Hacerlo con energía, con interés y compromiso verdadero.

Recomendación para conversadores

Antes de enjuiciar, es mejor preguntar. Hemos mencionado en varias ocasiones a lo largo de estas páginas lo aconsejable que es no hacer suposiciones para lograr disfrutar del placer y el poder de una buena conversación.

Las suposiciones son una forma de anticiparnos estableciendo un juicio. Eso ocurre porque nuestra mente necesita tener una valoración de todo. Para que nuestra valoración/juicio sea más ponderada y justa, la herramienta clave a utilizar en las conversaciones es la pregunta.

Muchos de nuestros conflictos en las conversaciones se solucionarían si antes de llegar a un juicio/suposición determinada hubiéramos formulado preguntas que nos permitieran saber más sobre lo que está sucediendo. Preguntas hechas desde la calma, sin intención inquisitiva, enunciadas con el interés auténtico de quien está buscando de forma sincera más información para no precipitarse.

Llevar a la práctica el axioma «antes de enjuiciar, es mejor preguntar» en nuestro día a día no nos va a resultar fácil. Es el momento de contenernos y recordarlo en muchas ocasiones. Estamos muy acostumbrados a emitir juicios a discreción.

«Antes de enjuiciar, es mejor preguntar».

Si somos artistas de la escucha será más fácil que también seamos artistas de la pregunta. De la verdadera escucha se nos despierta el sincero interés por saber más, por entender lo que quizás no nos quedó claro, por indagar lo que provoca la afirmación o el juicio de la persona con la que estamos conversando.

La pregunta es la puerta que nos abre la conexión con nuestros interlocutores, la que nos permite formarnos una opinión y tomar decisiones. A pesar de ello, hay un número significativo de personas a las que les cuesta preguntar por diversas razones: no quieren pasar por ignorantes y que se sepa que no saben lo que están preguntando, les da corte, piensan que molestan con sus preguntas, no saben cómo preguntar sin resultar inquisitivos. «Si no me lo ha dicho es que no quería decírmelo y por eso no he preguntado» es una justificación común entre aquellos que no preguntan.

Es cierto que dominar el arte de la pregunta no es común. Hay quien, efectivamente, puede resultar inquisitivo y fuera de lugar con sus preguntas tanto por el contenido como por el tono. Sirvan como ejemplo estas dos escenas reales:

Acudo a la fiesta sorpresa por el cincuenta cumpleaños de un buen amigo. Somos muchos invitados, comida de excelente calidad, muchos camareros, sorpresas... Uno de los invitados se acerca al homenajeado:

—Vaya fiestón, felicidades, Félix.

—Gracias, muchas gracias por venir.

—¿Cuánto habrá costado organizar todo esto?

—No tengo ni idea —responde Félix mientras me mira cómplice dado que los dos hemos advertido lo inoportuno de la pregunta.

El actor español Javier Bardem acude a una rueda de prensa en la que uno de los periodistas, supongo que intentado hacerse el gracioso y buscar la complicidad del actor, le pregunta:

—¿Cómo te sientes siendo el único hombre que está contento de trabajar al lado de su mujer?

Bardem hace un breve silencio, cierra los ojos y responde con tanta rapidez como tranquilidad mientras cambia su mirada hacia el resto de los periodistas esperando la siguiente pregunta:

—Qué pregunta más lamentable y desafortunada.

La pregunta debe ser oportuna, planteada en un tono amable que no suponga una exigencia a nuestro interlocutor. Salvo que estemos en una entrevista periodística en la que queramos una información que consideramos relevante para la audiencia o en una investigación policial. Su contenido debe responder a un genuino interés. Hay quienes preguntan por preguntar como los que escuchan poniendo cara de que escuchan. Se trata de un hábito que algunas personas han desarrollado como fórmula para rellenar una conversación. Posiblemente el receptor se dé cuenta de lo forzado de la situación, contestará a las preguntas, pero lo hará de mala gana y no ayudarán al buen desarrollo de la conversación. Las buenas preguntas, fruto de una buena escucha, son las mejores compañeras para disfrutar del placer y el poder de una buena conversación. Malas preguntas por ser inoportunas, vacuas, planteadas en un tono inadecuado van a frustrar esas mismas conversaciones. O preguntas innecesarias que provocan molestia.

—Se me ha olvidado llamar al profesor, qué cabeza tengo —se lamenta el adolescente ante su padre.

—¿Qué todavía no le has llamado? —pregunta el progenitor con aire de enfado.

El adolescente ha confiado en su padre y este le devuelve su confianza en forma de pregunta innecesaria (ya sabe la respuesta, el hijo se lo ha anunciado), inquisitiva, probablemente planteada en un tono inadecuado. La pregunta formulada en un tono de calma podría ser:

—Sí, vaya cabezón que tienes. ¿Cuándo crees que vas a poder llamarle?

Para que no quede duda de que es algo común en conversaciones de cualquier ámbito, te propongo una variante, en este caso procedente del mundo de la empresa:

—Me ha costado 30,00 euros el millar, un 3 % más de lo esperado.

—¿Que te ha costado 30,00 euros el millar, un 3 % más de lo esperado?

Sí, estas conversaciones ocurren y está en nuestra mano erradicarlas o ayudar a otros a hacerlo.

Preguntar conlleva un riesgo que debemos admitir desde el momento en que formulamos nuestro interrogante. Porque preguntar conlleva ponerse en el plano del otro y no solo dar por buena la respuesta que nosotros esperamos o deseamos.

—¿Te gusta la Navidad? —le pregunta una mujer a su cónyuge.

—Poco, no me gustan las celebraciones de carácter obligatorio —responde con sinceridad.

—Pues para eso no hacemos la cena, con todo el esfuerzo que me ha costado —le espeta con desagrado.

Si no estamos preparados para aceptar que nuestras preguntas obtengan respuestas inesperadas y poco convenientes a nuestros intereses será mejor no preguntar y, así, no asumir el riesgo que conlleva la petición de una solución a la duda que se supone va planteada en la pregunta.

Pero no todas las respuestas son buenas. Probablemente, la respuesta más lamentable a una pregunta es hacer sentir al preguntador su ignorancia e incluso burlarse de ella. A pesar de la estupidez que supone esa reacción (hace daño al que pregunta, en nada beneficia al que comenta), es muy común en todos los ámbitos. Es especialmente doloroso cuando se produce en un entorno de aprendizaje.

> —¿Cuál es el grupo que está sonando? —pregunta el hijo de doce años a sus padres.
>
> —Pero..., ¿no sabes quién es este grupo? Si es el grupo más importante del pop. Y yo que pensaba que sabías de música, ¡anda, anda...!, se llaman *The Beatles* y...

Recomendación para conversadores

Las personas que sienten aversión a la pregunta solo pueden superarla..., preguntando. Perdón por la obviedad.

Considerando lo escrito en este capítulo podemos observar y analizar cómo funcionan nuestras preguntas respondiendo a las siguientes cuestiones:

—De la respuesta obtenida, ¿hemos conseguido alguna información que no conocíamos antes?

—¿Observamos alguna incomodidad por parte de nuestro interlocutor?

—¿O, por el contrario, nuestra pregunta ha sido bien recibida y ha mejorado la conversación?

Preguntar es una herramienta básica para las conversaciones y para la vida.

> El hombre que hace una pregunta es ignorante por un momento, pero el que no la hace es ignorante para siempre (Confucio).

AUTODIAGNÓSTICO
(preguntas para reflexionar)

—¿Crees que la escucha y la pregunta son dos habilidades relacionadas? ¿Cómo te valorarías en ambas?

—¿Consideras que, en general, se escucha poco o con una atención deficiente?

—¿Cuáles son los principales enemigos de la escucha? ¿Qué haces para erradicarlos?

—¿Qué personas de tu entorno tienes la sensación de que les molesta que les pregunten o se toman a mal las preguntas?

—Y a ti, ¿te molesta que te pregunten? ¿Qué preguntas te resultan inconvenientes?

—¿Te gustaría preguntar más? En caso afirmativo, ¿por qué no lo haces?

— 13 —

GESTIONAR CONVERSACIONES CONFLICTIVAS Y DIFÍCILES. LA METACONVERSACIÓN

El conflicto es algo inherente a las relaciones entre personas inteligentes. En este capítulo nos referiremos a los conflictos conversacionales entre personas que se conocen. No mencionaremos los conflictos que se producen entre adversarios convertidos en enemigos que desembocan en una contienda sea del tipo que sea.

De inicio, será conveniente asumir la utilidad y conveniencia de tener conflictos con otras personas. Y también que no es recomendable buscarlos, pero tampoco lo es huir de ellos.

Mensaje para conversadores

Conviene tener conflictos en la vida: las relaciones humanas son complejas y el conflicto es un suceso natural inherente a ellas. Las conversaciones que se convierten en conflictos son conversaciones difíciles. Nuestras perspectivas, deseos, angustias o las expectativas que tengamos sobre otra persona hacen que la discrepancia aparezca y pueda derivar en un conflicto. La conversación difícil bien gestionada nos ayuda a avanzar, a enriquecer las posiciones de ambas partes.

No hay que buscar los conflictos: hay cierto tipo de personas que son conflictivas, les gusta generar y vivir en el conflicto. Por lo general, demuestran una gran seguridad en lo que desean, creen o manifiestan. El conflicto es un territorio en el que se adentran con facilidad y gusto, aunque después se puedan arrepentir de haberlo creado. Evitemos los conflictos que no son estrictamente necesarios. Los conflictos son como los problemas: cuando se presentan hay que solucionarlos, pero es inteligente no crearlos.

No hay que rehuirlos: hay otro cierto tipo de personas que huyen de cualquier conflicto. Pueden hacerlo en tres diferentes situaciones:

—Hay quienes adoptan una posición mansa en el conflicto, satisfaciendo a la otra parte. Puede ser por temor al conflicto en sí o a la reacción de la persona con la que podríamos mantenerlo, quizás alguien con algún poder sobre nosotros.

—Una segunda indeseable forma de evitar el conflicto es en la que se opta por castigar a la persona con la que vivimos una situación de tensión con el silencio, no hablándole. No se habla del conflicto. que permanece, dejando la oportunidad de conversarlo en vez de taparlo.

—Detectando el conflicto, pero aplazando el abordarlo con la esperanza de que se diluya. Es probable que al menos una de las dos partes se sienta incómoda y eso provoque que esté en situación de alerta con respecto a la relación.

Echando la mirada atrás, creo que en muchas ocasiones he sido una persona conflictiva. Tenía una supuesta gran seguridad sobre lo que estaba bien y lo que estaba mal. En el momento que sentía que mi libertad o dignidad era atacada por personas u organizaciones reaccionaba de forma agresiva, buscando el enfrentamiento. «Cuando alguien se enorgullece de decir siempre su verdad y aunque no guste, no comprende la esencia del conversador», escribe Enrique Sacanell. Confieso que eso me ocurría a mí. Si tuviera la opción de rebobinar, evitaría muchos de los conflictos que generé, tratando de entender las posiciones de las personas que hacían aquello que me disgustaba o trataría de exigirme a mí mismo paciencia y humildad antes de generar una conversación indeseable.

Las conversaciones difíciles se gestionan mejor cuando logramos tener control sobre nuestras emociones. Nos sitúa en una posición aventajada para poder hablar de forma más estructurada, evitando palabras de las que después podamos arrepentirnos y nos ayuda a adoptar una escucha más activa. Cuando nuestras emociones están descontroladas y somos presas de la ira, vemos a nuestro interlocutor como un enemigo, nuestro corazón se acelera, nuestro tono de voz es agresivo y, por lo general, vamos a desempeñar un papel pobre en la conversación.

Quizás todos sepamos que debemos controlar nuestras emociones..., pero es difícil encontrar a alguien que no haya perdido los nervios en alguna conversación o incluso sigamos haciéndolo (confieso que ese es mi caso, sigo siendo presa de la ira en muy contadas ocasiones y siempre con la misma persona, muy cercana a mí. Te pido perdón). Tomar conciencia de nuestras emociones es el camino necesario, aunque no suficiente, para mejorar en la gestión de conversaciones difíciles. Observar cómo nuestro cuerpo reacciona puede ser una señal de alerta precisa de la situación. La conexión entre cerebro, cuerpo y conversación, que abordamos en el capítulo «Nuestra mente y cuerpo están conectados con las conversaciones», es más patente y probable en las conversaciones difíciles.

Si hemos caído en las garras de la ira y nos portamos como indeseables conversadores, el perdón sincero es la única solución para intentar revertir la situación. Somos humanos, seres emocionales que cometemos errores. Si somos humanos inteligentes sabremos reconocer esos errores y solicitar de forma sincera y humilde que el perdón nos sea concedido.

Pedir perdón sincero es la única vía posible de resarcimiento real para la persona ofendida. No debe importarnos realizar ese acto de contrición, aunque nosotros también hayamos sido víctimas de una ofensa y no se nos haya pedido disculpas por ello. El perdón dicho de verdad es también un acto de liberación de cesión de la responsabilidad de la gestión de ese perdón a la persona a la que se lo solicitamos.

Las conversaciones difíciles no deben ser gestionadas como batallas, sino como una oportunidad para solucionar una crisis. Eso es un signo de madurez e inteligencia conversativa. Esas conversaciones deben ser tratadas como interesantes retos conversacionales de los que nos gustaría extraer una conclusión, un mejor futuro para la relación, sea cual sea ese futuro.

La filosofía idónea para afrontar una conversación difícil es la búsqueda de zonas de consenso. No siempre es posible, porque en ocasiones el tema que se aborda nos mantiene en posiciones diametralmente opuestas que nos imposibilita encontrar un punto de intersección. En otras muchas ocasiones, sí que podemos identificar cuestiones en las que estemos de acuerdo en el punto de partida.

Supongamos que una persona aborda una conversación difícil con otra sobre la que considera que le ha mentido en un asunto muy sensible para la relación. Puede tratarse, indistintamente, de una relación conyugal o laboral. En el inicio de la conversación, podemos empezar tratando de identificar si hay un consenso sobre lo que significa mentir en una relación, cuáles son las consecuencias que hay cuando la mentira aparece. De esta manera conseguimos tener un punto de vista común sobre lo que vamos a discutir. A continuación, quien propone la conversación expone sus sospechas, las fundamenta y trata de hilar lo hablado anteriormente con la situación que a ambos les afecta. Lo habitual sería iniciar una conversación difícil al respecto de la mentira con acusaciones, gritos, reproches en lugar de con el consenso inicial sobre el fondo de lo que vamos a hablar (la mentira). Este consenso inicial nos ayudará a moderar nuestra forma de expresarnos y a madurar la conversación.

Como ocurre en el ejemplo anterior, hay ocasiones en las que sabemos con alguna antelación que debemos mantener una conversación para solucionar un conflicto. En ese caso, podemos tomar la decisión de preparar esa conversación con cariño y con un espíritu constructivo. Debemos saber que lo que a nuestro cerebro le apetece es ganar la conversación. Podemos ser secuestrados por el ansia de victoria conversacional que nos llevará a rumiar anticipadamente cómo podemos argumentar las posibles réplicas que nuestros interlocutores planteen para así ganar la batalla. Si eso ocurriera, quizás estemos soslayando y alejándonos del verdadero objetivo de la conversación: obtener una solución al conflicto.

En otras ocasiones las conversaciones conflictivas aparecen imprevisiblemente en un momento determinado como consecuencia de una noticia o mensaje.

Un hijo aparece en casa con su boletín de notas y cinco suspensos. La recepción de esa mala noticia por parte de la madre o el padre puede ser utilizada en ese mismo momento para iniciar el conflicto: «¡vaya notazas!, no me pilla de sorpresa para nada. Eres un vago que no quiere esforzarse para conseguir sus objetivos. Con lo sencillo que sería que hicieras tu trabajo y te responsabilizaras. Entonces serías una persona de verdad».

O podemos optar por abrir el boletín con las notas y decir con tranquilidad «déjame que las vea con detenimiento. Son muy malas, eso está claro, pero creo que necesito reflexionar sobre ello y quizás tú también. Te propondré que mantengamos una conversación». Aplazar esa conversación difícil nos va a permitir realizar la preparación que antes se mencionaba y lograr estructurarla de forma adecuada, realizando preguntas, e intentando llegar a zonas de consenso.

Las conversaciones difíciles nos pueden llevar a decir palabras de las que después nos arrepintamos. En el ejemplo anterior, la forma inicial de dirigirse a su hijo es inapropiada, violenta y despectiva. En ocasiones, las palabras que se han dicho durante una discusión son difíciles de olvidar, hasta el punto de que provocan una ruptura de por vida, incluso de los lazos familiares más cercanos

> Creo que tu madre merece poder disfrutar de sus hijos juntos y no tener que vivir sus últimos años de vida sabiendo que las celebraciones de Navidad serán siempre por separado. Es necesario que te reconcilies con tus hermanas —le sugiero y pido a un amigo.
>
> —Gracias, por pensar en mi madre y en nosotros. Pero eso es imposible. Nos hemos dicho cosas que jamás podremos olvidar.

Los conflictos también se generan por la interpretación que se hace de las palabras del interlocutor. Procuremos pensar bien de los demás. Quien cree y aplica el refrán «piensa mal y acertarás», muestra una desconfianza en el ser humano que se extenderá en la forma que afronta sus conversaciones. Pensar mal de otra persona puede separarnos de ella para toda la vida.

Recomendación para conversadores

De forma general, interioricemos que las personas utilizamos las palabras para comunicarnos sin herir e intentemos no ser tan susceptibles con las palabras de los demás.

Si decimos de otros que tienen «la piel muy fina» para expresar que los demás se molestan por lo que decimos, es una señal que nos advierte que es aconsejable que cuidemos y seamos impecables con nuestras palabras. Si somos nosotros los que nos molestamos con frecuencia por las palabras de los demás, es una señal que nos advierte que debemos intentar curtir nuestros oídos y mente.

Expresiones como «siempre haces...», «nunca ayudas...», «todo el mundo», «jamás», «no me da la gana», «estoy harto de...», «otra vez» o «ya te lo dije» son un freno al progreso en nuestras conversaciones. Esas alocuciones constituyen una provocación para la persona con la que conversamos y no debería extrañarnos una reacción negativa por su parte: «siempre soy imperfecta, verdad..., y tú siempre eres el perfecto». Busquemos matizar nuestras opiniones, evitando términos absolutos y asumiendo que lo que decimos es desde nuestra perspectiva: utilizando un lenguaje más prudente y humilde: «a mi juicio», «si no he entendido mal», «bajo mi punto de vista» u otras similares.

Para progresar en la conversación y no enredarnos con una dialéctica agresiva, procuremos no echar la culpa al otro en nuestras peticiones. Sustituyamos, por ejemplo, «tú dijiste que...» por «yo he entendido que...». O «pero no te enfades» (pareciendo hacer notar que nuestro interlocutor se ha disgustado con poco motivo) por «disculpa por haber dicho algo inconveniente» (o siendo más concretos si sabemos lo que ha molestado).

El primero carga la responsabilidad sobre la persona con la que estamos conversando y el segundo hace que seamos nosotros quien asumimos la responsabilidad en la conversación, en lugar de descargarla sobre nuestro interlocutor.

En definitiva, si estamos en una conversación difícil, las emociones están más a flor de piel. Es conveniente que nos concentremos en no ofender. Seamos asertivos, pero no agresivos. Evitemos caer en el *sincericidio,* que supone justificar con una supuesta sinceridad nuestra mala educación e inoportunidad en nuestras declaraciones. Las conversaciones conflictivas son una excelente oportunidad para demostrar nuestra inteligencia y valorar qué es lo conveniente y lo que no lo es.

En la siguiente conversación difícil procedente del entorno laboral cometo una torpeza que tuvo desagradables consecuencias:

> Una empresa que había fundado hace siete años, quedó integrada en una de mucho mayor tamaño tras la venta de la mayoría de las participaciones. Designaron a una persona dentro de la organización como mi interlocutor. Las discrepancias surgieron desde el primer día. Como consecuencia de los enfrentamientos, acudí continuamente al director general para pedirle que intermediara. Durante una conversación conflictiva el director general me puso un ejemplo de su vida profesional que, a mi juicio, nada tenía que ver con lo que estábamos tratando.
>
> —Te cuento esto —me dijo una vez relatada su experiencia personal— para ver si te sirve.
>
> —No, la verdad es que no me sirve —le dije.
>
> —¿Cómo has dicho? —me miró desafiante.
>
> —Que no me ha servido lo que me has dicho —respondí con claridad *sincericida.*
>
> Si la inteligencia me hubiera acompañado, le hubiera dicho:
>
> «Muchas gracias por compartir tu experiencia, trataré de ver cómo aplicarlo».

Con mi contestación, el directivo sintió su ego atacado:

—Te has tomado demasiada confianza y por eso me contestas así —expresó con cierta dureza.

—No, solo te he contestado sinceramente a tu pregunta, no tiene que ver con la confianza —le contesté profundizando en la herida.

He repetido varias veces esta conversación en mi cabeza, lamentando lo ridículo e infantil de mi torpeza. Las consecuencias fueron casi inmediatas, el directivo herido en su ego activó una decisión que me era muy inconveniente. Todo ocurrió por no saber controlar mis emociones y mis palabras. Fui estúpido (le hice daño a él y me hice daño a mí mismo).

«NO SÉ CÓMO DECÍRSELO»

Otro tipo de conversaciones difíciles son aquellas que afrontamos sin llevar aparejadas un conflicto. Son ese tipo de conversaciones que empiezan en nuestra mente con un repetitivo: «no sé cómo se lo voy a decir».

Hay múltiples ocasiones en las que nos planteamos ese reto, el saber cuál es el momento y las palabras adecuadas para decir algo que nos resulta difícil de comunicar.

Supongamos que queremos mucho a una persona, pero consideramos que nuestras relaciones sexuales con él o ella son insatisfactorias. Nos gustaría que nos dijera, tocara o actuara en la intimidad de una forma diferente a como lo hace. Tengamos en cuenta que alrededor de cuatro de cada diez mujeres no alcanza el orgasmo. Una de las razones principales es la falta de estimulación del clítoris porque las parejas no lo estimulan o lo hacen de forma incorrecta. Y una de las principales razones para que eso ocurra es porque el hombre desconoce el orgasmo femenino y, quizás, la existencia del clítoris. Hablar de sexo con nuestra pareja resulta una conversación difícil para muchas personas. «¿Cómo puedo decirle a mi pareja que haga esto o lo otro sin que piense mal de mí o hiera su ego?» es posible que se pregunten muchas mujeres. Son este tipo de conversaciones las que forman parte de una habilidad exclusiva del ser humano.

En otro escenario muy diferente, puede ocurrir que no estemos satisfechos con nuestro salario o nos sintamos agraviados con respecto a terceros en el entorno laboral. El único interlocutor que puede ayudarnos a solucionar nuestra inquietud es el jefe. Supongamos que la relación con él o ella es correcta, pero lejos de lo que sería una deseable confianza respetuosa. Debemos pedirle una cita y argumentar nuestra petición. No es una conversación fácil. ¿Cómo puedo transmitir mi petición?

Imaginemos, por último, una relación de dos amigos que se ve contaminada porque uno de ellos piensa que el otro le contradice continuamente de forma agresiva y esto le incomoda. ¿Cómo le transmito mi malestar sin que parezca que le estoy censurando?

Recomendación para conversadores

¿Cómo se lo digo? ¿Cómo consigo comunicar de forma eficaz?:

—Empecemos identificando el problema/reto de comunicación que queremos solucionar en un plazo determinado. Es conveniente evitar prorrogar la conversación por temor o falta de seguridad. «Cuánto más cerca estamos del momento en el que se ha generado la dificultad más fácil será ubicarlo en el tiempo y referirnos a ella», escribe Sacanell en su libro *¿Cómo se lo digo?*

—Procuremos plantear una narrativa bien estructurada, en la que hemos eliminado cualquier elemento que no tenga que ver con el objeto de la petición (no incluyamos, por ejemplo, reproches pasados). Expongamos, desde el inicio, claramente el problema (en los ejemplos anteriores: «quiero hablar contigo sobre nuestra vida sexual»; «necesito que hablemos sobre mi aportación a la empresa»; «quiero que conversemos sobre cómo interpretas nuestra amistad»). Es útil ser lo más objetivo posible, aportando datos o momentos concretos que nos ayuden a explicarnos y ser entendidos.

—Ensayemos, previamente, la argumentación que vamos a utilizar en la conversación con personas de nuestra confianza. Nos ayudarán a reflexionar sobre cómo se puede llegar a entender el mensaje desde el punto de vista del receptor.

—Practiquemos el discurso y el control de nuestras emociones ante hipotéticas respuestas que no son satisfactorias para nuestro objetivo (nuestra pareja se siente dolida y no reconoce su torpeza en la vida sexual, el jefe nos dice que somos unos descarados).

—Tengamos preparadas preguntas que nos pueden ayudar a saber si es conveniente continuar o interrumpir la conversación. Combinemos preguntas cerradas y abiertas («¿prefieres, entonces, que no hablemos de sexo?» y en caso de que la respuesta sea «sí, quiero hablar, pero no así», podemos volver a preguntar «¿cómo crees que podemos abordar la cuestión?»).

En el caso de que la conversación no fructifique, planteemos la posibilidad de una segunda parte («veo que no llegamos a un acuerdo en la valoración de mi trabajo, ¿crees que deberíamos volver a hablarlo en unos días?»).

LA METACONVERSACIÓN

Cuando el conflicto o las dificultades para mantener conversaciones difíciles aparecen de forma reiterada podemos hacer uso de una herramienta muy potente y avanzada: la metaconversación.

«Se ha demostrado que la metaconversación, es decir, la conversación sobre la conversación es un prometedor remedio contra las distorsiones de la comunicación», escribe Schulz Von Thun en *El arte de conversar.* En ese mismo libro se menciona que los terapeutas Mandel y Mandel escribieron hace más de cincuenta años que «la metaconversación explícita es muy inusual porque resulta embarazosa. Si se consiguiera que las generaciones futuras se habitúen a ella, sería un paso adelante en la evolución».

Parece razonable que, si algo no funciona, intentemos repararlo. En este caso, lo que no funciona es la conversación. La metaconversación es ese proceso que nos ayuda a reparar la conversación como instrumento básico en las relaciones. Es probable que si nos animamos a meta conversar necesitemos pactar unas normas sobre cómo vamos a hacer el ejercicio o sumar al proceso algún profesional especializado en psicología de la comunicación que nos ayude.

CASO REAL

Te presento a una pareja que tiene problemas de conversación. Llevan ya muchos años casados, más de treinta. Han ido juntos a la consulta del psicólogo con resultados adversos; la psicóloga hirió con sus comentarios a una de las partes mientras la otra se sentía satisfecha. Los dos demuestran interés en continuar la relación. Ella le propone a él que mantengan una metaconversación partiendo de una serie de reglas que les permita intentar no caer en los mismos errores.

La idea de consenso inicial es la distinción entre quejas y peticiones. La conversación que se propone es que cada miembro de la pareja realice sus peticiones al otro («te pido que...») evitando que la queja haga acto de aparición («tú me haces esto/tú dices»).

Te pido, por favor, que te pongas en situación, este es el documento que ella escribió y le entregó a su marido y que sirvió como base para meta conversar.

PROPUESTA DE CONVERSACIÓN

Antecedentes

Cada vez que hablamos durante un conflicto, creo que salimos peor. Me da la impresión de que nos decimos cosas desagradables, interrumpimos, tratamos de imponernos y nos reprochamos. En vez de ir a mejor e intentar buscar puntos de encuentro, nuestras conversaciones nos llevan al desencuentro.

Me da la impresión de que los dos lo pasamos mal, nos frustramos porque no somos capaces de ponernos en el lugar del otro. Te propongo en estas líneas que busquemos otra forma de conversar que nos lleve a decidir lo que queremos hacer. Yo quiero intentarlo porque lo deseo y creo que podemos lograrlo.

PASOS PROPUESTOS

1. Vamos diciendo de forma alternativa peticiones que solicitamos a nuestra pareja.
2. Las peticiones pueden ir acompañadas de ejemplos que deben ser entendidos, que no tienen ánimo de reproche sino la voluntad de expresar cómo el peticionario percibe una determinada situación. (Por ejemplo, sufre dolor ante una determinada afirmación que la otra persona no está siendo capaz de valorar).
3. El receptor de la petición no valora, ni enjuicia la petición, ni la invalida. Pregunta con interés auténtico sobre ella con el fin de entenderla bien. Puede ocurrir que el receptor tenga muchas preguntas porque quiera alcanzar un alto nivel detalle y de comprensión de la petición.
4. El que ha planteado inicialmente la pregunta no valora las contra preguntas que ahora recibe de su interlocutor. No valora ni su contenido, ni una supuesta intención. Se limita a contestarlas o repreguntar con el objetivo de que ambos esclarezcan sus dudas.
5. Nos comprometemos a creer lo que la otra persona dice, sin cuestionar nada. Solo se puede utilizar la pregunta o algún dato objetivo que pudiera corregir una creencia. Por tanto, la invalidación de afirmaciones no será llevada a cabo.
6. Una vez entendida la petición con sus posibles ajustes fruto de las preguntas, el receptor de la petición se compromete o rechaza cumplirla. En este último caso expone los motivos.
7. En el caso de que el receptor rechace la petición, el peticionario expresa si es posible convivir sin cumplir esa petición o solicita que se deje en suspenso esa petición al objeto de reformularla en cualquier otro momento.

8. Se tomará nota de lo consensuado y de las peticiones no satisfechas o suspendidas.
9. Los dos expresaremos al final del ejercicio si nos sentimos con ilusión de volver con energías renovadas a un proyecto en pareja o no.
10. En el caso de hacerlo, utilizaremos este mismo procedimiento para poder sumar nuevas peticiones que queramos formular a nuestra pareja.
11. El incumplimiento de la petición no será abordado como un reproche sino como un recordatorio (o los que el peticionario considere que puede realizar) amable, con cariño y amor.

La pareja tuvo una conversación muy constructiva en la que cada uno de ellos fue haciendo sus peticiones. Los dos coinciden en que fue una de las mejores conversaciones que han mantenido en su vida. Algunas de esas peticiones necesitaron de varias preguntas para ser entendidas por el interlocutor y todas las peticiones contaron con un sí por parte del otro. Solo en una petición, se matizó el sí con un «voy a intentarlo».

Esa lista de peticiones acabó con un compromiso: «Si alguno incumple una petición, el otro responde con calma y ayuda al otro a reflexionar».

¿Qué ocurrió? Se incumplieron varias peticiones, lo que provocó un nuevo desencuentro y el último compromiso (11) no se llevó a cabo. Ello produjo una crisis en la relación que fue reconducida gracias a tener todos los pactos por escrito, y así pudieron acudir a ellos para resolver la discusión con mucha mayor facilidad. En una situación prolongada de conflicto es recomendable poder acudir a una fuente objetiva como es, en este caso, el documento que ambos habían pactado.

Resulta arduo apreciar el valor que nos aporta un conflicto, así como compartir una conversación difícil con momentos críticos y complicados. Quizás, podamos intentar observar esas conversaciones como unas compañeras inevitables que nos van a dar la oportunidad de hacernos madurar la relación y a nosotros mismos.

AUTODIAGNÓSTICO
(preguntas para reflexionar)

—¿Cómo afrontas, a nivel general, los conflictos? ¿Cómo una situación espantosa e indeseable? ¿Cómo una posible fuente de aprendizaje y progreso en una relación?

—¿Afrontas o huyes de los conflictos?

—¿Te consideras una persona que genera conflictos? En caso afirmativo, ¿por qué?

—¿Conoces personas que crean habitualmente conflictos en las conversaciones?

—¿Crees que serías capaz de meta conversar? En caso negativo, ¿qué te haría falta para conseguir hacerlo?

—¿Consideras que las personas tienen la piel muy fina? ¿O consideras que muchas personas tienen poco cuidado con sus palabras y te hieren con ellas?

—¿Crees que la utilización de unas palabras u otras pueden modificar el curso de una conversación?

—¿Te da la impresión de que hay muchas ocasiones en las que el emisor y el receptor entienden cosas diferentes y ese hecho es fuente de conflicto?

—¿Cómo crees que puede evitarse esos arcos de distorsión?

— 14 —

CONVERSACIONES (VOCES) INTERIORES

The voice in my head is an asshole.
La voz que habla en mi cabeza es una cabrona (Dan Harris).

¿Quién es la persona con la que más conversamos?

Esa «persona» somos nosotros mismos a través de nuestras conversaciones interiores.

Muchos científicos consideran que la capacidad que el ser humano tiene para conversar consigo mismo es uno de los avances evolutivos más importantes que nos distinguen de otras especies.

Nuestra voz interior, que constantemente nos acompaña, es una característica básica de nuestra mente, no podemos evitarlo. Son esas voces convertidas en buenas conversaciones las que nos permiten imaginar, recordar, reflexionar para ayudarnos a discernir, resolver, innovar, crear… Así nos lo hace ver Mariano Sigman: «La idea ya la tenías, pero la hiciste aflorar a través del diálogo interior». Quizás sin esa conversación con nosotros mismos la idea no hubiera fructificado.

Cuando tenemos buenas conversaciones interiores somos capaces de llegar a un estado de conciencia que nos permite vivir en el presente (estar presentes). La investigación demuestra que, desafortunadamente, estamos, de media, entre un tercio y la mitad de nuestra vida en vigilia al tiempo que incapaces de vivir en el presente. Podríamos decir que estamos despiertos, pero que no nos estamos enterando de lo que pasa.

La vida es aquello que te va sucediendo mientras
estás ocupado haciendo otros planes
(John Lennon).

La experiencia vital de cada cual depende, en buena medida, de la calidad de las conversaciones interiores que mantenemos. Son ellas las que nos llevan al tormento o a la felicidad. Son la causa de nuestro pesimismo u optimismo y de nuestra capacidad para iniciar o abandonar proyectos. Nuestras conversaciones interiores modelan, de alguna manera, quienes somos. Son ellas las responsables de hacernos ver la vida de una manera u otra y, por tanto, determinan nuestra actitud ante ella.

Prestar atención a cómo nos estamos hablando, nos ayudará a tener una mejor salud mental, a tomar conciencia de ese diálogo tan importante para nuestra estabilidad emocional. Todos sabemos y podemos comprobar que nuestras experiencias no son las que son, sino lo que pensamos o creemos de ellas. Cada uno de nosotros nos encontramos donde nos lleva nuestra mente, no donde nos situamos físicamente.

Podemos estar presentes físicamente en una maravillosa fiesta, pero si nuestra mente está en un problema laboral o envidiando a alguna persona con la que estamos conversando, no estaremos disfrutando de la celebración, sino a merced de los vaivenes de nuestra mente.

Resulta paradójico que, a pesar de su importancia, dediquemos poco tiempo a pensar y mejorar esas conversaciones interiores que pueden convertirse en un gran activo o pasivo en nuestra vida.

Sabemos que las malas conversaciones interiores nos dañan tanto emocional como físicamente. Si dialogamos tóxicamente con nosotros mismos nuestro cuerpo lo padece. Se puede crear un estado de estrés psicológico crónico simplemente pensando, conversando mal. Nuestras voces interiores pueden sumirnos en un proceso de rumiación en el que nuestra mente no para de darle vueltas a un determinado asunto del que aparentemente no podemos salir. Esa rumiación nos produce estrés, ansiedad, insomnio e incluso depresión. Llegamos a esa situación cuando hemos perdido perspectiva y nos encontramos metidos en un *zoom* mental del que desearíamos salir pero desconocemos cómo.

CASO REAL

Cuando tenía cerca de cuarenta años me sumí en un fuerte estado de ansiedad, pero no era capaz de identificarlo como tal. Me sentía motivado en el trabajo, todas mis relaciones eran buenas, mi situación económica nunca fue mejor. Pero yo estaba mal. Fui a tres psiquiatras, a una reflexóloga podal, a un acupuntor. Previamente había ido a dos cardiólogos que me dijeron que mi corazón funcionaba bien a pesar de las incómodas arritmias por las que fui a verlos. Me recomendaron que buscara ayuda para mi salud mental, aunque yo me resistía a pensar que ese era el problema. Dormía muy mal, comía y bebía en exceso y, sobre todo, no conversaba conmigo mismo o si lo hacía, supongo que era para perjudicarme aún más.

Empecé a ir a clases de yoga y me di cuenta de que necesitaba que mi mente se mantuviera en silencio para después ser capaz de mantener conversaciones interiores. Había un «algo» que me acompañaba a diario y que me estaba haciendo daño. Un día me puse a escribirle a ese «algo» (la ansiedad) que definí como cabrona.

El relato «¡Hola, cabrona!» me ayudó mucho a entender que la solución estaba en mí, en identificar cómo me hablaba y en abrazar a mis pensamientos para que ellos no se volvieran en mi contra.

¡HOLA, CABRONA!

«Esta noche volveré a visitarte a tu cuarto, mientras duermes», me dijo segura de sí misma. Fue durante mi visita al servicio, después de una reunión en la oficina.

—¡Déjame en paz! ¿Por qué no te dedicas a algo productivo en vez de meterte en mi cama sin que nadie te llame? —le espeté trastornado.

—Ja, ja, ja… Estás cansado, no te sulfures…, me encanta acompañarte durante tantas noches seguidas —me dijo con un insoportable aire de superioridad.

Marché sin despedirme, enfadado, seguro de sucumbir otra vez.

Una noche más hice todo lo que, aparentemente, debería salvarme de su visita. Leí durante más de media hora la última novela de Vargas Llosa, *El héroe discreto,* y dejé que mis pensamientos se sumergieran, aparentemente, en la historia. Me aseguré de que el despertador estuviera preparado para activarse siete horas y cuarto después. Pensé en los momentos agradables del día, en lo afortunado que era. Hice lo que Luis, el *swami* del centro de yoga, me había recomendado: concentrarme en mi respiración y auto sugestionarme para relajar cada pequeña parte de mi cuerpo, incluso aquellas de las que solo tenía noticia por los libros.

Me dormí. Me dormí profundamente.

Tres horas y diecisiete minutos después llegó ella, sigilosa, tal como lo había hecho durante los últimos tres meses y seis días. No noté que abriera la puerta, se presentó de súbito, siempre con ese aspecto dócil que se iba transformando a medida que pasaba los minutos en su compañía.

«¡Hola, cabrona!», le dije. La recibí como nunca antes lo había hecho, era la primera vez que le hablaba durante la noche. Normalmente me enfrentaba a ella, dándole la espalda, intentando espantarla, guardando silencio. «Has cumplido con tu amenaza, no entiendo qué placer encuentras molestándome», le dije algo enfadado.

«Eres muy ingenuo, no encuentro ningún placer especial, simplemente cumplo la función para la que fui creada. Y procuro hacerlo bien, nada más. ¿No dirás que no son buenos argumentos?», se rio burlonamente mientras yo procuraba fijar mi mirada en su rostro, tan seductor como abominable.

«Soy todo tuyo, dime qué es lo que buscas e intentaré dártelo, es mejor que nos llevemos bien si voy a tener que seguir viéndote todas las noches», me sorprendí hablándole en un tono conciliador.

Ella se sentó al borde de la cama y me miró con desprecio. «Compórtate, por favor. No te dirijas a mí con ese aire condescendiente, como si fuéramos amigos. Ya sabes lo que tienes que hacer. Enfádate, intenta echarme, dame la espalda, pero no me hagas esto, por favor. Mi vida, así, no tiene sentido».

«Te quiero, cabrona. Te quiero con toda mi alma».

Ella huyó despavorida.

He releído este relato en muchas ocasiones, siempre con cariño. A partir de estas líneas pude visualizar a la ansiedad (la cabrona) como un algo al que tenía que aprender a dominar, cosa que finalmente conseguí gracias a aprender que el placer y el poder de la buena conversación empieza con la que uno mantiene consigo mismo.

¿CÓMO PODEMOS CONTROLAR NUESTRAS VOCES/CONVERSACIONES INTERIORES?

Si no conseguimos acallar a nuestra mente, la conversación será una especie de monólogo que nos interviene, que no nos deja ser nosotros mismos. Es probable que todos identifiquemos esta indeseable situación. No somos capaces de controlar las voces interiores que pueden convertirse en un infierno.

La forma más sencilla para alejarnos de nuestro proceso de rumiación es desviar la atención. Lo conseguimos haciendo actividades que ocupen a nuestra mente: salir con amigos, ir a ver un espectáculo. De esta manera callamos a la voz interior momentáneamente, pero no aseguramos que nuestras conversaciones interiores no vuelvan a ser inundadas por voces indeseables que quizás estén acechando para volver a atacarnos.

Otra forma más difícil, pero más efectiva a largo plazo, es lograr cambiar la «perspectiva». En el libro *Chatter* se menciona la investigación de Walter, Ozlem y Kross, que buscaron la manera de ayudar a las personas a dar un paso atrás en sus diálogos interiores y así lograr conversar interiormente (reflexionar) de forma más efectiva. Su investigación les condujo a demostrar que la herramienta más eficaz es llegar a lograr visualizar las situaciones que nos incomodan desde fuera, como si fuéramos «una mosca en la pared» que analiza desde otra perspectiva la realidad que se está produciendo en un cuarto. Los investigadores llevaron al laboratorio este descubrimiento que aparentemente es muy simple. Para ello, reunieron a personas que se encuentran teniendo conversaciones interiores insatisfactorias en las que rumian constantemente uno o varios problemas. Dividieron a los participantes en dos grupos: a los del primer grupo les pidieron que continuaran resolviendo sus problemas como hasta ahora: utilizando su propia perspectiva. En cambio, a los integrantes del segundo grupo los entrenaron para que se pudieran convertir en los espectadores de sí mismos, como si se trataran de moscas en una pared, analizando el problema desde otra perspectiva. Los resultados fueron espectaculares: quienes seguían inmersos en su propia perspectiva definieron la prueba como humillante, estaban furiosos, se sentían abandonados. Por el contrario, los que fueron instruidos para verse desde fuera manifestaron frases como «he podido ver el problema más claramente». Eso demuestra que conseguir establecer la conversación interior desde otra perspectiva más global (como lo vería una mosca en la pared) evita que la conversación interior se enquiste en la dificultad que es cuando empezamos a rumiar una y otra vez el mismo asunto que nos atormenta. El objetivo, por tanto, es distanciarnos del problema en el que nuestro diálogo interior está atrapado. La distancia no va a ser la solución a los problemas, pero añadirá muchas posibilidades de resolverlos.

Los investigadores descubrieron que ver las dificultades, problemas o dolores con distancia o *zoom out* sirve para otros muchos episodios relacionados con el control mental. Conseguir esa distancia acorta los periodos de humor negativo evitando que se cronifiquen. Descubrieron que, curiosamente, los pensamientos positivos se alargaban en el tiempo al utilizar esta misma técnica.

Si algún lector pensara que esto no le aplica porque se considera demasiado joven o mayor, debe saber que la investigación demuestra que esta técnica que nos ayuda a pensar de forma más equilibrada e inteligente funciona con cualquier grupo de edad.

Una segunda técnica para evitar la invasión de voces interiores negativas es aprender a posicionarnos adecuadamente con relación a la historia. Así, la utilización del «yo» de forma continuada —en inglés *I talk*— está científicamente demostrado que correlaciona positivamente con el desarrollo de pensamiento y emociones negativas. Es recomendable utilizar la segunda o tercera persona del singular.

En vez de rumiar en primera persona «no sé por qué he hecho esto, estoy tonto», es mejor hacerlo en segunda «Leo, no sé por qué has hecho esto, anda que estás muy tonto» o en tercera «Leo está tonto de remate, no sé por qué ha hecho esto».

Al utilizar la segunda o tercera persona en lugar de la primera, es posible que obtengamos tres beneficios en nuestras conversaciones interiores:

- Lograremos distanciarnos emocionalmente de los problemas que estamos tratando de resolver en nuestro diálogo interior.
- El tema objeto de nuestra conversación interior será percibido como un reto a resolver más que como una amenaza que se cierne sobre nuestra vida.
- Como consecuencia de lo anterior, tomaremos mejores decisiones sobre los problemas que estamos tratando de resolver.

> Supongamos que estamos viviendo una situación incómoda con un ser querido y mantenemos conversaciones interiores en las que nos sentimos muy implicados. Si hablamos con nosotros mismos desde la segunda persona, es posible que podamos conseguir mirar el conflicto con distancia y buscar soluciones. En mi caso sería algo así como: «Vamos, Leo, no te lo tomes tan a pecho, seguro que no lo dijo con mala intención y lo vais a resolver. La próxima vez que lo veas, le pides perdón (decisión) y tratas de recomponer la situación. Vamos, Leo, a por ello». Se trata de utilizar las palabras adecuadas e inteligentes con nosotros mismos, como lo haríamos con cualquier otra persona.

> Incluso podemos ver que la sustitución del «yo» por el «tú» también funciona por escrito. Sheryl Sandberg, una alta directiva de Facebook, compartió en esa red social cómo se sentía tras el inesperado fallecimiento de su marido, el empresario David Goldberg:

«Cuando la tragedia ocurre, se **te presenta** una oportunidad. **Puedes** permanecer en el vacío que llena **tu** corazón, **tus** pulmones constriñendo tu habilidad para pensar e incluso respirar. O **puedes** intentar encontrar un sentido».

Una tercera vía para salir del proceso de rumiación que tanto nos incomoda es compartir nuestras preocupaciones con otras personas. La investigación y el sentido común demuestran que aquellas personas que tienen diferentes fuentes de apoyo para atender sus diferentes cavilaciones son las que mejor gestionan sus voces interiores. También podemos encontrar un refugio en la escritura, convirtiendo nuestro diario en un compañero con el que dialogamos sobre esos asuntos que quizás nos desagraden.

Recomendación para conversadores

Ahora cambiemos las tornas y veamos qué podemos hacer nosotros cuando somos los receptores o confidentes de una persona que está sufriendo a causa de sus conversaciones interiores.

¿Cómo podemos ayudar a quien acude a nosotros en busca de ayuda?

Debemos hacerlo con tacto, intentando evitar hacer que nuestro interlocutor sienta que lo que para él es un problema complejo es fácil de solucionar para nosotros. Frases como «lo que tú deberías hacer», «eso es una tontería», «deja de pensar eso», «vas a ver cómo sales adelante», «sé cómo te sientes» son dichas con buena voluntad, pero denotan una gigantesca falta de empatía. Esas sentencias simples nos alejan de la persona que ha venido buscando ser escuchada porque la sitúan en un plano de inferioridad. Le estamos diciendo, «yo sé cómo solucionar un problema que tú no sabes resolver». Nuestra ayuda debe estar basada en la escucha con interés y atención sin ofrecer valoraciones directas. Si así lo hacemos, vamos a producir confort en nuestro interlocutor. Lo que sí podemos hacer es ofrecer nuestros consejos disfrazados de una especie de «apoyo invisible» en el que hablemos sin rotundidad, sino desde la humildad de situaciones parecidas, artículos leídos, evitando hacer referencia directa a la persona que necesita ayuda.

Supongamos que una persona se siente infeliz, sin que haya causas objetivas para la tristeza. Es, por tanto, una percepción subjetiva. Cualquier frase que menosprecie la dificultad que nuestro interlocutor está viviendo, va a producir daño y nos invalidará como conversadores útiles.

Si, en cambio, utilizamos fuentes acreditadas de terceros, resultará más fácil «colocar» nuestros mensajes:

Estás pasando un mal momento. El otro día escuché a la psiquiatra Marian Rojas Estapé decir que es normal, que el estilo de vida que casi nos obligan a llevar, produce estas situaciones. Ella dijo que el deporte puede ser la gran solución para salir del laberinto. Si tú te apuntas a hacer deporte diario, me apunto contigo. Bueno, si me aceptas como acompañante.

Tomar conciencia y prestar la debida atención a establecer diálogos interiores sanos es el primer paso para producir un avance en un asunto que puede cambiar nuestra vida. Está en nuestra mano tomar decisiones conscientes que nos ayuden a eliminar las voces interiores que van minándonos. Podemos, debemos crear y desarrollar hábitos que favorezcan la desaparición de voces interiores negativas y promuevan las positivas. Entre ellas se encuentran estas cinco:

- **El silencio consciente.** Cuando las voces interiores nos están ganando la partida, consumen nuestra atención y energía. Ser capaces de apagarlas es el equivalente a silenciarlas. No es fácil, pero merece la pena intentarlo. Las práctica de la meditación nos ayudará a dejar de pelear insensatamente con nuestra propia mente.

- **Estar en contacto con la naturaleza**. La grandiosidad y belleza de un bosque nos pone en nuestro lugar y hace que nuestros problemas, aparentemente tan grandes, queden empequeñecidos. Es un efecto denominado «encogimiento del ego».
- **El ejercicio físico, alimentación saludable y suficientes horas de buen sueño**. Los que practicamos deporte a diario conocemos los beneficios que tiene tanto para nuestro cuerpo como para nuestra mente. Los que en alguna ocasión no hemos tenido cuidado con lo que comíamos o bebíamos sabemos que eso nos ha pasado factura a nuestra capacidad de pensar correctamente. Lo mismo ocurre cuando no hemos sido capaces de descansar con suficiente calidad y tiempo.
- **Disfrutar de la cultura** a través de los libros, el cine, el teatro o los museos tienen un efecto parecido al contacto con la naturaleza. La belleza contenida en un pensamiento escrito, en una pintura o en una interpretación nos permiten alimentar nuestro espíritu y alejar los pensamientos rumiantes.
- **Rutinas de control y orden**. Rafa Nadal dice que «lo que más me cuesta en un partido de tenis es acallar las voces en mi cabeza». El gran campeón es famoso por sus rituales: dejar su identificador boca arriba, unos saltos previos, atusarse el pelo, tocarse el pantalón. Nadal dice que es «una forma de ordenar mis cosas que me ayuda a encontrar orden en mi cabeza». El ejemplo de Rafa nos ayuda a entender lo que la investigación nos revela al respecto de cómo tener la sensación de control tiene beneficios a nivel físico y mental. Las rutinas convertidas en rituales nos ayudan a mitigar las voces interiores.

El cerebro es una máquina que tiene la capacidad de ayudarnos a navegar por el mundo siempre que la pongamos a trabajar a favor. Siendo capaces de dirigir nuestras voces interiores nos ayudará a tener mayor claridad mental y fortalecer las relaciones con los demás.

Recomendación para conversadores

El hombre en busca de sentido es un libro imprescindible para entender una filosofía de vida que fue construida a través de unas conversaciones interiores. Cuando leemos a Víctor Frankl somos prácticamente capaces de escucharle contándonos cómo sobrevivió al horror de los campos de concentración. A través de ese diálogo interior consiguió encontrar un sentido a su vida que le permitió agarrarse a ella.

La lectura (o relectura) del libro es un aliciente para quienes en algún momento hemos perdido la brújula del camino por la vida, ayudándonos a restablecer conexión con ideas tan sencillas como poderosas a las que tenemos la oportunidad de acercarnos a través de sus páginas.

Podemos ayudar a establecer nuestras prioridades, motivaciones, valores, sentidos vitales a través de ese diálogo interior. Saber que, en buena medida, está a nuestro alcance cambiar para bien la percepción que tenemos de nuestra relación con el mundo es al tiempo una oportunidad, una responsabilidad y un desafío.

Dedicarle tiempo y cariño a hablarnos bien puede producir un cambio significativo en nuestras vidas.

Rafael Echeverría escribe que «sin lenguaje no habría sufrimiento. Mediante la conversación podemos intervenir en nuestros juicios e interpretaciones (relatos). Así somos capaces de lidiar y aliviar el sufrimiento, aunque quizás no nos demos cuenta de lo que estamos haciendo para conseguirlo. Podremos evitar mucho de nuestro sufrimiento una vez que hemos comprendido cómo este se genera en nuestras palabras. Es a través de nuestro lenguaje interior cómo podemos descubrir uno de los retos más sobresalientes de nuestro tiempo: el sentido de la vida. Los seres humanos intentamos darnos un sentido a nosotros y a nuestro mundo. Este «pecado original» nace del hecho de que somos seres lingüísticos y será el lenguaje quien nos ayude a resolverlo».

RESONANCIA

Una de las principales causas que originan la «contaminación» de nuestras conversaciones interiores es la vida acelerada que vivimos. Numerosos filósofos, sociólogos y psicólogos han reflexionado al respecto, tratando de hacernos ver lo inconveniente que es intentar maximizar el tiempo, sacarle rendimiento a cada momento en vez de vivir la vida con más sosiego, menos aspiraciones y más disfrute. Lo mejor que se puede hacer en la vida, dice Alejandro Jodorowsky, es vivirla en calma. Una gran mayoría de personas, quizás todos, aceptamos por buenos esos argumentos y, en cambio, nos resulta difícil iniciar la senda de las buenas conversaciones interiores para lograr ese objetivo.

El filósofo alemán Hartmut Rosa nos presenta un concepto que quizás pueda ayudarnos a interiorizar ese objetivo. En su libro *Resonancia* comienza con una frase que, a su juicio, resume la obra (de más de quinientas páginas): «Si la aceleración es el problema, quizás entonces la resonancia sea la solución». El concepto de resonancia analiza la forma en la que nos relacionamos con el mundo. Ese análisis, transformado en una conversación interior, nos puede permitir ayudar a progresar en cada una de las facetas de nuestra vida. Rosa define la resonancia como un estado automático de armonía consigo mismo en muchas dimensiones de la personalidad. En la investigación del filósofo se habla de la necesaria coherencia que debe haber entre nuestros mapas cognitivos o evaluativos y nuestra acción. Todo ello requiere de unas sólidas y productivas conversaciones interiores.

Es útil recordar que las conversaciones que mantenemos con nosotros mismos tienen el potencial de cambiar nuestras vidas. Vale la pena dedicarles atención.

AUTODIAGNÓSTICO
(preguntas para reflexionar)

—A nivel general, ¿cómo valorarías tus conversaciones interiores?

—¿Crees que el diálogo con nosotros mismos condiciona cómo nos relacionamos con la vida?

—¿Qué acciones adoptas para mejorar la calidad de tus conversaciones interiores?

—¿Qué te parece el concepto de resonancia? ¿Crees que podemos tomar acción consciente para intentar resonar con nuestro entorno?

— 15 —

EL ENCUENTRO

Nos acercamos al final de este libro con la seguridad de que el placer y el poder de la conversación no es posible sin el encuentro. La falta de más y mejores conversaciones tiene su principal origen en el continuo desaprovechamiento que nos brinda la vida para establecer encuentros con personas de todo tipo: familiares, amigos, compañeros, extraños...

Dos autores que escriben sobre conversaciones incluyen las palabras filosofía y encuentro en sus títulos: el filósofo francés Charles Pepin subtitula con «Una filosofía» su maravilloso ensayo *Encuentro* y Santiago Álvarez Mon, profesor y experto en economía español, es autor del libro *Las conversaciones que NO tenemos*, el subtítulo es «Filosofía del encuentro». Es posible que el hecho de propiciar el encuentro constituya en sí una filosofía de vida.

Es interesante la distinción en el significado de las palabras cruce y encuentro que nos propone el filósofo francés. Esa distinción nos facilita entender la dimensión de lo que es un encuentro: «Una singularidad puede perfectamente cruzarse con otra sin quedar impactada, lo cual demuestra que en este caso no ha habido encuentro, sino solo un cruce». Llama la atención la utilización de la palabra «singularidad» para referirse a un ser humano, enfatizando el hecho de que esa condición de singularidad en cada uno de nosotros hace potencialmente impactante el encuentro.

> Hay cruces que se convierten en encuentros, aunque estos sean enormemente fugaces. Hace unos pocos días paseaba por la calle Narváez de Madrid. Un señor estaba pidiendo una limosna a cambio de un paquete de pañuelos de papel. Yo

no llevaba dinero. Me excusé, «lo siento, no llevo nada». El señor elevó la voz con cierta emoción: «Menos mal, le agradezco mucho que al menos me hable». Me paré y volví hacia donde él se encontraba. Le ofrecí la mano y él me ofreció la suya produciendo un cariñoso y respetuoso saludo. Mientras le agradecía su comentario, le preguntaba: «¿Por qué dice eso? ¿Es que la gente no le habla?». «Parece que no existes, nadie te dice nada. Toda la mañana igual, salvo un señor que… —su voz se entrecortó fruto de la emoción—, menos mal, me ha dado cinco euros. Vd. por lo menos me habla, así sé que estoy aquí, que se me ve», me dijo en ese encuentro corto e impactante. «Confío en poder ayudarle la próxima vez que nos veamos», declaré a modo de compromiso.

Siguiendo la tesis de Charles Pepin, valoro esa pequeña conversación como un encuentro con otra singularidad que me dejó impactado. Sin duda alguna, a mi manera de ver, mucho más que un simple cruce.

Salir al encuentro del encuentro es una aventura con un desarrollo inesperado. Cada encuentro debiera ser un descubrimiento del otro que, simultáneamente, nos ayude a descubrirnos a nosotros mismos. Ese descubrimiento no está exento de riesgos e incomodidades como las que sufriríamos en un hipotético viaje por una selva por la que transitásemos a la búsqueda de nuevas especies desconocidas. En esos encuentros aparecen perspectivas inéditas con las que podemos elegir entre violentarnos —y así malograr el encuentro— o curiosear a través de la pregunta y la subsiguiente escucha. Escribe Byung-Chul Han que «en el futuro habrá, posiblemente, una profesión que se llamará oyente. A cambio de pago, el oyente escuchará a otro atendiendo a lo que dice. Acudiremos al oyente porque, aparte de él, apenas quedará nadie más que nos escuche». La predicción del filósofo coreano puede parecer exagerada como fenómeno que afecte al conjunto de la población, pero constituye ya una realidad para muchos que acuden «al amigo o amiga al que pagan» en forma de profesional de la psicología.

«No quiero hablar con nadie, la gente es muy pesada», argumenta mi amigo Pablo al que, junto con otros amigos, propongo que nos internemos en la feria de un pueblo al que hemos acudido para disfrutar juntos de unos días de vacaciones. Mi propósito es preguntar a la gente del lugar sobre lo que allí ocurre, las costumbres y, quién sabe, si tener la fortuna de establecer un encuentro. Finalmente, la tesis de mi amigo es la vencedora y nos vamos todos juntos a una cafetería en la que nos refugiamos para que nadie «nos moleste». Para Pablo, salir de su estrecho entorno familiar y de amigos supone un riesgo que no está dispuesto a asumir. «No tengo ganas de escuchar gilipolleces, que el mundo está plagado de gilipollas», argumenta con seguridad de lo que está diciendo. Pablo no es ningún ser extraño, ni está alienado. Es una persona normal y encantadora, que quizás recoge la opinión y es el retrato de una parte significativa de la sociedad.

«Escuchar es un prestar, un dar, un don. Es lo único que le ayuda al otro a hablar», escribe Han en *La expulsión de lo distinto.* El filósofo coreano es, aparentemente, muy pesimista teniendo en cuenta el relato que nos describe sobre lo que nos acontece en sus breves ensayos. Su pesimismo es muy celebrado (comprado) por millones de lectores en el mundo que mostramos nuestro acuerdo ante la descripción que nos propone de la sociedad. «Tener un encuentro especial con alguien es descubrir otro punto de vista de las cosas, experimentar un cambio en nuestra relación con el mundo», propone Charles Pepin. Hoy leo en la web de *El Orden Mundial* que Peter Turchin, un renombrado historiador, predice una guerra civil en Estados Unidos. El 43 % de los americanos creen que el conflicto armado es posible antes de 2035. El papa Francisco reclama en una homilía en el Vaticano el «coraje para dialogar con quien es incómodo» al tiempo que denuncia los horrores de las diferentes guerras que nos asolan.

Es posible que el conflicto o la guerra —sean al nivel que sean— puedan evitarse con más encuentros que contengan el suficiente respeto y la humilde voluntad de aprender quiénes somos a partir de la singularidad del otro.

Víctor Frankl decía que encontrarle sentido a nuestra vida es la misión más importante del ser humano. El psiquiatra austriaco nos ofrece el testimonio de su ferviente deseo por el encuentro con sus seres queridos mientras sufría los horrores del campo de concentración. Podríamos concluir, a partir de las reflexiones de Frankl, que esa voluntad y deseo de encontrarnos con otros es un pilar imprescindible para que hallemos el sentido a nuestra existencia.

Para que nuestra vida lleve incorporada la filosofía del encuentro te propongo que desarrollemos cuatro poderes y placeres: el descubrimiento, la vulnerabilidad, la generosidad y el silencio.

EL PODER Y EL PLACER DEL DESCUBRIMIENTO

Cada persona es un apasionante libro con patas lleno de relatos e historias de intriga, amor y desengaño, discusiones apasionadas, sentimientos inconfesables, viajes, sueños y retos alcanzados y abandonados. Todos esos libros con patas tienen, como todos los buenos libros, conocimientos que nos enriquecen y permiten entender mejor la vida y, por supuesto, al ser humano. Recordamos la frase de Ralph Waldo Emerson: «Todo ser humano es superior a mí en algún sentido. En ese sentido, aprendo algo de él». Es decir, para querer encontrarse con otra singularidad es imprescindible tener fe en la humanidad. Se trata de una fe que da la impresión de que decrece con el paso de los años. Pareciera que, en cambio, aumenta la que depositamos en la tecnología, en las series, en las pantallas en general. Emile Cioran, el filósofo de origen rumano, nos aclara que «no fueron las lecturas las que me han formado, sino los accidentes y los encuentros». Esos encuentros que a veces nos resultan tan difícil iniciar.

> Solo el primer paso cuesta. Quizá se podría decir eso de todo, o de la mayoría de los esfuerzos y de lo que se hace con desagrado o repugnancia o reservas, es muy poco lo que se acomete sin ninguna reserva, casi siempre hay algo que nos induce a no actuar y a no dar ese paso, a no salir de casa y no movernos, a no dirigirnos a nadie y evitar que otros nos hablen, nos miren, nos digan (Javier Marías).

La conversación que no tenemos es la no conversación. Jamás volverá, no nos dará la oportunidad de conocer la historia o quizás conocer la verdad. La no conversación es como el no libro, el no cuadro: una obra de arte que jamás llegaremos a disfrutar. La conversación que no tenemos es negarnos a nosotros mismos: «no hay ninguna esperanza de que lleguemos a ser nosotros mismos sin salir de nosotros y encontrarnos con los otros», escribe Charles Pepin, que añade como última frase de su libro *Encuentro*: «Solos no somos nada, no valemos nada, no llegamos a ser nada. Pero basta que te encuentre y todo comienza».

Los habitantes del mundo antiguo estaban convencidos de que no se puede pensar bien sin hablar bien: los libros nacen de los labios, decía un refrán romano según nos narra Irene Vallejo en el *Infinito en un junco*. Todo encaja, cada uno de nosotros somos libros con patas y solo depende de nosotros que seamos grandes y voraces lectores del libro que contiene cada prójimo. Para ello, deberemos asumir nuestra responsabilidad individual o que las autoridades pongan en marcha una idea expuesta por Rubén Amón: «Necesitamos clubes de conversación igual que necesitamos clubes deportivos. Para poder descubrir mejor lo interesante que son otras personas».

Como es improbable que esos clubes de conversación se creen y vayan a propiciar el encuentro entre tú y yo, te propongo que cada uno de nosotros seamos los encargados de asumir y contagiar lo que Luis Landero denomina como la gracia de vivir: «En eso estaba la gracia de vivir, en saborear los días con los demás, en alternar las voces y juntar lo diverso, en hacer cercanos y gustosos los sabores exóticos».

Una vez descubierto el poder y el placer del descubrimiento —valga la redundancia— nuestra vida cambia y también provoca buenos cambios en la vida de los demás. Los encuentros se multiplican y se enriquecen unos con otros consiguiendo que un nuevo encuentro en Brasil pueda producir, ¿por qué no?, otro nuevo y fértil en Texas.[9]

9 Los encuentros son como los aleteos de las mariposas en Hong Kong que, según la teoría del caos, pueden producir una tempestad en Nueva York.

EL PODER Y EL PLACER DE LA VULNERABILIDAD

Te propongo que hablemos ahora de nuestros encuentros con los seres que nos importan y a los que pretendemos importar: familia, amigos o cualquier persona especial para nosotros. Son encuentros en los que pretendemos que haya una conexión, algo que resuene entre quienes coincidimos en una conversación. Cuando eso ocurre, pasamos de mostrarnos cómo queremos que nos vean a mostrarnos cómo realmente somos.

> Creemos que la máscara nos protege cuando en realidad nos aísla, olvidamos que nuestros fracasos no acercan más que nuestros éxitos (Charles Pepin).

Conseguiremos mostrarnos cómo somos a los demás como consecuencia de tener el suficiente coraje (la palabra coraje viene de corazón, echar el corazón por delante) y compasión (tanto por nosotros como por los demás).

Las personas que en los encuentros se muestran como inauténticas, empeñadas en mostrarse seguras y fuertes, sin heridas ni vulnerabilidades, viven encuentros irreales, supuestamente satisfactorios porque creen haberse mostrado como quieren que se les vea y por haber convencido a los demás de que son como dicen en sus encuentros ser.

> Durante un tiempo e influido por un admirado amigo pensé que era una buena idea «no enseñar los pantalones rotos», es decir, evitar mostrar mis defectos y mis temores. La tesis de mi amigo —no mostrarse vulnerable ante los demás— está sustentada en un supuesto acto de inteligencia y generosidad: «así no les das la oportunidad a tus enemigos de que se alegren y a tus amigos de que se entristezcan viéndote mal». El argumento es brillante, lógico, pero poco humano. Dice la investigadora Brené Brown que las personas que no sienten en algún momento vergüenza o alguna forma de remordimiento son personas incapaces de desarrollar la verdadera empatía o la conexión humana.

Si adormecemos nuestra vulnerabilidad también anestesiaremos la alegría, la gratitud y la felicidad. Disfrutar del poder y el placer de la vulnerabilidad es hacernos cargo de que la vida es chula porque, como dice Fernando Botella, «la vida es insegura, incierta y, además, es incómoda». Hacernos cargo de que somos vulnerables por esas tres fantásticas razones —inseguridad, incertidumbre e incomodidad— hace que la vida sea vida, que todos seamos humanos a pesar de nuestras grandes diferencias.

Es recomendable distinguir entre la vulnerabilidad y la queja. La vulnerabilidad es la consecuencia de nuestra condición humana, la queja es la consecuencia de nuestra actitud y falta de aceptación ante la vida. La vulnerabilidad es mostrarme como soy, me permite conectarme con los demás, la queja —sobre todo si es continuada— nos aleja de los demás, hace miserables nuestros encuentros y a nosotros mismos.

Mostrarnos vulnerables no es una debilidad sino un acto de coraje y de humanidad para hacer que nuestras conversaciones nos permitan vivir y hacer vivir mejor.

> La doctora Lucía Galán —conocida como Lucía, mi pediatra— es seguida por más de un millón cien mil personas en Instagram. Cuando firma libros se forman larguísimas colas de personas que confían en sus recomendaciones pediátricas y, lo que es más importante, en su forma de interpretar la vida. Lucía dice que en el inicio de su andadura como bloguera hubo un punto de inflexión. «Fue el día que escribí sobre mi vulnerabilidad. Había llegado a casa triste, había tenido un mal día. Estaba llorando y mi hijo mayor, Carlos, se dio cuenta. Me preguntó, preocupado, qué me pasaba. Le contesté que estaba triste y le expliqué que también las mamás pueden estar tristes y que no pasa nada. Mi hijo se abalanzó a abrazarme, darme unas palmaditas en la espalda y animarme. Me pareció tan bello, que lo escribí y lo compartí en mi blog y en mis incipientes redes sociales. En pocas horas, tenía más de un millón de visualizaciones de personas que habían conectado con algo muy humano y que, a menudo, se pretende esconder: la vulnerabilidad».

El buen encuentro encuentra, valga, de nuevo, la redundancia, su sentido en el tú. Sin ti, no hay encuentro posible. Sin el tú, todo —o casi todo— lo escrito y leído hasta ahora carece de sentido. Si damos por bueno que el pronombre personal «tú» supone tanto en nuestros encuentros, es de sentido común ofrecerle mucho: ser generosos con tú (él o ella).

La forma más evidente de generosidad es la escucha del otro con auténtico interés. El encuentro con generosidad supone, además, hacerlo con una intención positiva y convertir en realidad la ya mencionada frase de la madre Teresa de Calcuta: «No dejes que nadie se acerque a ti, sin que al irse se sienta mejor y más feliz». Pero, es más, el encuentro con generosidad incluye pensar bien de la persona con la que nos encontramos, otorgarle credibilidad, aceptar unas reglas de conversación desinteresadas, no mentir —aunque nos convenga— e intentar entender a tú desde su perspectiva, cultivando la alteridad o empatía.

La generosidad es humildad: tú es más que yo, porque tú haces realidad el encuentro y porque siento que eres tú quien da sentido a mi presencia en la conversación.

La generosidad se transforma en amabilidad y hace que el encuentro entre el tú y tú funcione.

Recomendación para conversadores

Los encuentros con personas conocidas son el espacio idóneo para consensuar prácticas generosas en la conversación.

A modo de ejemplo, uno de los momentos de mayor crispación en un diálogo se produce cuando una persona pone en boca de la otra lo que esta piensa no haber dicho:

—Yo nunca he dicho eso, ¿cuándo lo he dicho?

—Ayer, durante nuestra conversación.

—Jamás he dicho yo eso, de ninguna de las maneras.

—¿Me estás llamando mentiroso?

Esta discusión es un bucle inacabable que tiene visos de acabar mal y enfrentar a dos personas que quizás se quieran y desean disfrutar del encuentro. Si acudimos de forma generosa al encuentro todo cambia:

—No recuerdo haber dicho eso. Ayúdame a repasar la conversación para saber lo que pretendía decir.

—Sí, lo dijiste cuando te pregunté qué es lo que ibas a hacer. Lo dijiste, pero también puedo haberlo sacado de contexto.

—Es posible que lo dijera, pero prefiero aclararlo ahora para explicarme mejor.

La predisposición generosa posibilita el encuentro. Es una actitud poderosa y placentera.

EL PODER Y EL PLACER DEL SILENCIO

> «Nos lleva tres años aprender a hablar y setenta a callar», escribe Elie Wiesel, premio Nobel de la Paz.

El silencio es un elemento imprescindible para alcanzar el buen encuentro. Cuando nos callamos conseguimos adquirir conciencia de nuestro silencio como medio para facilitar el encuentro, descubrimos el poder y el placer de ese acto, aparentemente simple, pero en el que muchos encuentran dificultades para practicar por falta de costumbre.

Es el silencio el que invita a «tú» a hablar porque es con el silencio cuando se siente escuchado. Es con el silencio con el que tomamos la decisión de callar cuando consideramos que es mejor opción que la de hablar.

Hay, por el contrario, otros tipos de silencios que producen el desencuentro:

—El silencio como castigo al otro. Un silencio tan frecuente como equivocado entre parejas y en la educación de los hijos.

—El silencio que provoca el temor a equivocarse, el miedo a que nuestras palabras no sean convenientes y juzgadas.

Los discípulos preguntaron una vez al maestro de la India, cuál era el gran brahmán, es decir la mayor sabiduría. El maestro no respondió. Creyendo los discípulos que estaba distraído, repitieron la pregunta. Pero el maestro calló también. Otra vez y otra insistieron los discípulos sin obtener mejor respuesta. Cuando se hubieron cansado de preguntar, el maestro abrió la boca y dijo: «¿Por qué habéis repetido tantas veces la pregunta si a la primera os respondí? Sabed que la mayor sabiduría es el silencio»

(*El silencio, gran brahmán,* de José Ortega y Gasset).

4 PODERES para lograr el ENCUENTRO en las CONVERSACIONES

DESCUBRIMIENTO Deseo de encontrarse con otras singularidades. Tenemos fe en la humanidad.	VULNERABILIDAD Ser auténticos. Somos quienes somos y no lo que deseamos que otros vean.
GENEROSIDAD El encuentro tiene sentido con «tú». Escucha, interés, humildad, amabilidad.	SILENCIO Prudencia, espacio, sabiduría imprescindible para el encuentro.

AUTODIAGNÓSTICO
(preguntas para reflexionar)

—¿Te parece acertada la distinción entre cruce y encuentro?

—¿Te muestras vulnerable en los encuentros con otras personas con los que dices tener una conexión especial o por el contrario prefieres mostrarte siempre fuerte?

—¿Te produce placer descubrir a nuevas personas a través de la conversación?

—¿Te incomodan los silencios en una conversación? ¿Qué haces cuando se producen?

—¿Crees que estás más preparado para disfrutar del placer y el poder de la conversación?

— 16 —

UN ENCARGO

Este libro empezó, de alguna manera, en la primavera de 2022. Durante un par de meses fui todos los días al madrileño parque del Retiro para leer recostando mi espalda sobre la base de un tronco de un árbol muy grande. Mi lectura se veía interrumpida por mis pensamientos y, entonces, disfrutaba de un diálogo interior que protagonizaba al tiempo que presenciaba a la gente que me rodeaba. Un día esa conversación conmigo mismo me condujo a un interesante reto: responder cómo sería la mejor manera de resumir mis cincuenta y nueve años de vida. No tardé mucho en encontrar una respuesta que me satisfizo y me iluminó: las conversaciones, mi vida se resume en conversaciones. Las maravillosas e inolvidables, las malas y también inolvidables, así como otras muchas que no llegué nunca a mantener, casi siempre por alguna mala razón. A continuación, me seguí inquiriendo. Mi siguiente pregunta fue sobre el estado actual de las conversaciones. Son menos y peores, me contesté con celeridad y algo de desánimo. «Gente que no se habla, que no se escucha, el desinterés por el prójimo es creciente», me dije al tiempo que visualizaba el prodigioso fenómeno que supone una buena conversación. Todo esto fue para mí una epifanía, una revelación que ha cambiado, en gran medida, mi vida.

Llegamos al final del libro. He cumplido un encargo que yo mismo me he hecho y que me parecía importante. El encargo consistía en escribir sobre una cuestión, la conversación, que debidamente interiorizada, reflexionada y ejecutada puede ayudarnos a vivir y hacer vivir mejor.

En estas líneas, casi finales, quiero ser yo quien ahora te traslade el encargo de convertirte en embajador y contagiar a quienes te rodean con buenas conversaciones. Ojalá que recibas y aceptes este encargo con tanto entusiasmo como con el que estoy redactándolo. El cambio en la disposición, en el contenido, formas, tono, objetivos de nuestras conversaciones van a impactar, sin duda, en nosotros y en las personas con las que nos relacionemos. No podemos ni debemos esperar que todas reaccionen inmediatamente de forma positiva. Es posible que, en ocasiones, nuestras semillas conversacionales encuentren cerebros en barbecho. No pasa nada, volveremos en la siguiente temporada (la próxima conversación) a reiterarnos en nuestro propósito. Encontraremos, también, cerebros fértiles que se sumarán a nuestra misión colectiva y con los que celebraremos el encuentro.

Encontraremos a utilitaristas, en el peor sentido del concepto, que manifiesten su oposición a perder el tiempo en nada que no les proporcione más poder, dinero, fama, influencia o una perspectiva favorable a la consecución de alguna de sus aburguesadas metas. Ese espurio utilitarismo deteriora «el cerebro y la humanización de la juventud» según Emilio Lledó.

Así pues, aquí te dejo con un encargo en forma de imperioso y humilde ruego. Ambos adjetivos, aparentemente contradictorios, creo que conviven bien en mi petición, que te hago por el bien de todos.

PERDÓN

Escribiendo este libro he aprendido mucho. Quizás, mucho de lo aprendido ya lo sabía, pero una vez ordenado he podido entenderlo mejor. Otras cosas quizás las conocía, pero no las sabía (conocer y saber tienen diferentes significados) hasta que me puse a reflexionar sobre ellas. Y, finalmente, hay temas que desconocía y que, gracias al proceso de investigación que supone escribir un libro, he podido aprender, escribir y compartir.

Una vez terminado y escrito este libro, quiero pedir perdón. A mi familia —mi mujer Virginia y mis hijos—, los primeros y a los que más perdón pido. A mis padres, que ya no están con nosotros. A personas con las que he trabajado, sobre todo aquellas a las que, por ser su jefe, no les haya permitido ser su mejor versión porque no supe prestar atención y escuchar debidamente lo que compartían conmigo. Perdón a mis amigos a los que debí cuidar con más cariño y atención en nuestras conversaciones.

Una vez terminado, leído y releído este libro estoy poniendo en práctica lo que aquí he escrito. Quiero mejorar. Me queda toda la vida que me quede para disfrutar y hacer disfrutar conversando.

Perdón y también gracias. Gracias a esas personas a las que tantas veces he acudido buscando el placer y el poder de la buena conversación y que, tan generosamente, me la ofrecieron.

Soy quien soy, en gran medida, gracias a lo que aprendí y disfruté con las personas que tan generosamente compartieron sus sentimientos, ideas, conocimientos, sus teoremas de Pitágoras y sus versos de Verlaine (como proponía el mencionado filósofo francés Michel Serres).

Gracias por comprar este libro. Espero que haya cumplido con tus expectativas, que algún mensaje o idea pueda servir para ser utilizado o compartido. Te pido que no nos pidas mucho más ni a mí, ni al libro.

Estaré muy contento de poder recibir tus comentarios, ideas, sugerencias, críticas, reflexiones. Lo que quieras.

Mi dirección de correo electrónico es farache.leo@gmail.com. Prometo contestarte, aunque tarde unos días en hacerlo.

Te deseo, con mucho cariño, que tu vida se llene de buenas conversaciones. Quizás la vida nos depare, algún día, mantener alguna juntos. Me gustaría.

Agradezco mucho a mi familia, mi mujer y mis tres hijos los buenos momentos de conversación que hemos tenido que confío que sigan produciéndose.

Estoy muy agradecido a tantos y buenos amigos con los que he disfrutado y sigo disfrutando el inmenso regalo de la buena conversación. También expreso mi agradecimiento a personas desconocidas con las que tuve ocasión de encontrarme y tejer una única conversación. Algunas de esas conversaciones son recuerdos que espero que nunca se borren.

— 17 —

ANEXO: FRASES PROHIBIDAS

Cincuenta frases frecuentes, pero poco o nada convenientes, que desterrar de nuestras conversaciones

Obras son amores. De nada sirve la mejor voluntad y conocer la teoría de cómo conversar, si no utilizamos las palabras adecuadas.

Las frases prohibidas son aquellas que estarían mejor fuera de nuestras conversaciones. Son frases que se utilizan con frecuencia, forman parte del patrimonio conversativo en cualquier circunstancia, incluso de manera pública en los medios de comunicación. Tengo la impresión de que todos hacemos uso de algunas de ellas y, sin reparar en el daño que puede hacerle a la persona a la que se las dirigimos. La intención del emisor puede ser buena, pero que la percepción del receptor sea mala. Dado que nuestras palabras son nuestro «producto», no solo deben convencernos a nosotros, sino lo más importante es que consigan el efecto adecuado en quienes las consumen, nuestros interlocutores.

Algunas de las frases que se enumeran a continuación ya han sido nombradas en páginas anteriores, pero he creído conveniente agruparlas en este capítulo. El orden es arbitrario, salvo las agrupadas en los entornos laboral y familiar:

1. **Como no quieres entender:** imaginemos a dos personas aportando argumentos contradictorios en una conversación. Como suele ocurrir, las dos personas tratan de enfocar el tema desde diferentes perspectivas, con nuevos datos y ejemplos que hagan prevalecer su verdad.

Una de ellas, que no es capaz de ponerse en el lugar de la otra, atribuye la falta de entendimiento a una supuesta mala voluntad: «Como no quieres entender, no hay forma de que lleguemos a un acuerdo». La conversación se vuelve más agria: «el que no quieres entender eres tú». La espiral violenta se pone en marcha: «Vamos, que tú eres el único que entiendes, los demás somos unos gilipollas», o se produce un incómodo silencio que da pie a terminar la conversación.

2. **No estoy de acuerdo contigo:** esta frase dice mucho más de lo que pretende decir. No estar de acuerdo con alguien es anunciar una discrepancia a la totalidad de la persona cuando en realidad es una enmienda puntual, parcial que no tiene que ver con la persona. Sustituir «no estoy de acuerdo contigo» por un «no estoy de acuerdo con lo que dices» nos va a ayudar a acotar nuestra discrepancia y no declarar la gran guerra cuando ante lo que estamos es una pequeña batallita verbal.
3. **Hazme caso, te lo digo yo:** se atribuye una credibilidad que es incontestable, salvo que el otro interlocutor también argumente con su propio «te lo digo yo». Se utiliza, con frecuencia, para argumentar sobre temas futuros que tienen difícil previsión: «Hazme caso para enero la pandemia estará terminada», «los jóvenes no quieren trabajar», «Pérez va a ganar las elecciones»... *te lo digo yo.*
4. **Sabía que iba a pasar:** la Bolsa ha subido mucho, han convocado elecciones, llega un virus que nadie espera, un equipo modesto gana la liga. Esta alocución es una variante de la anterior pero utilizada para sucesos ya acontecidos con un alto grado de incertidumbre sobre los cuales se anuncia que había sido capaz de preverlo, aunque, en su momento, no haya actuado en consecuencia según su previsión (si sabía que iba a subir la Bolsa podría haber comprado acciones y no lo hizo).
5. **Como yo digo (o como dice mi madre, mi abuela...):** cuando alguien dice estas tres palabras, uno espera la llegada de una frase genial. En cambio, lo que normalmente sucede al «como digo yo» es una frase normal, a

veces del dominio público, por ejemplo: Como digo yo... «ve despacio que tengo prisa», «en la vida lo que das te viene de vuelta», «se hace camino al andar». El autor de *Como digo yo* pretende así adueñarse de la frase y, supongo, hacer entender que se trata de algo original.

6. **Eres uno de los míos:** en la conversación, alguien muestra una preferencia o una antipatía por algo. Una de las personas presentes manifiesta: «¡eres uno de los míos!». Así pues, la primera persona en cuestión ha dejado de ser un ser independiente para formar parte de un nuevo equipo. Es preferible algo más humilde y generoso, «como a ti, me gusta el arroz caldoso».
7. **Te pasa lo mismo que a mí/Eres igual que yo:** esta es una variante de la anterior. La forma de expresarlo correcta y menos egocéntricamente sería justo la contraria: «Me pasa lo mismo que a ti», «en eso me parezco a ti». En definitiva, menos yo y más tú.
8. **Es que yo soy así:** es mucho más difícil que una conversación avance si se expresan argumentos irracionales que no nos permiten seguir por la senda del pensamiento razonado. Si queremos expresar que nuestras creencias están muy arraigadas o que estamos muy acostumbrados a algo, que va a ser difícil hacernos cambiar de opinión, podemos sustituir el arrogante y suspensivo «es que yo soy así» por un «lo siento, pero me cuesta verlo como tú lo ves, llevo toda la vida creyendo A y me va a ser difícil entender B. Comprendo tus argumentos, pero me parece que los míos son más sólidos». Es más largo, sí, pero bastante mejor ;).
9. **Como no decías nada:** Hay quien utiliza el silencio prudente del interlocutor para argumentar en contra de él. No deberíamos presuponer lo que otro piensa y atribuirle algo que no ha dicho. Mejor preguntar que suponer.
10. **Da igual:** algunas personas utilizan esta frase para batirse en retirada por su incapacidad para seguir argumentando. Es posible que hayan sido pillados en una contradicción, una mentira o se han dado cuenta de

la sinrazón de sus propuestas. Utilizan «da igual» para dar por terminada una conversación, quizás porque sean incapaces de decir «me has convencido, tienes razón».

11. **Otra vez/Como ya te he dicho/Ya te dije:** tengo la impresión de que caemos mucho en esta frase prohibida. Nos fastidia tener que repetir algo y queremos hacerle saber a la otra persona que ya se lo hemos dicho utilizando alguna de las tres alocuciones u otra con un significado parecido. Cualquiera de ellas tiene, aparentemente, la intención de hacerle ver a la persona con la que estamos hablando que no presta atención, que hay que repetirle las cosas. Utilizando esas frases no estamos propiciando el mejor clima conversativo. Aquí tienes un par de ejemplos:

—¿Qué te parece si intentamos ir al teatro?

—Ya te he dicho que no puedo ir hasta mañana.

—¿Crees que podremos hacerle un descuento especial al cliente? Si no, lo perderemos.

—Otra vez —dicho con hastío—, ya te he dicho más veces que me lo pidas por escrito y te contesto.

Se sugiere algo más amable que, si se considera necesario, deje constancia de haberlo hablado antes:

—¿Qué te parece si intentamos ir al teatro?

—Creo que te mencioné que no puedo ir hasta mañana.

—¿Crees que podremos hacerle un descuento especial al cliente? Si no, lo perderemos.

—Esa cuestión viene en los procedimientos comerciales, sigámoslos. Te pido, por favor, que me envíes un correo y te contesto antes de veinticuatro horas.

12. **Para que la gente lo entienda (para que tú lo entiendas):** esta es una frase utilizada muy comúnmente por políticos en medios de comunicación. Preguntado por alguna

cuestión, la persona contesta al entrevistador haciendo uso de esta muletilla con la que expresa su superioridad intelectual con respecto a la audiencia o sus interlocutores en una conversación. Parece decir «me estoy poniendo a un nivel más bajo que el que acostumbro para que el vulgo pueda entenderme». Es una frase que queda horrible, es innecesaria y que es fácilmente sustituible —en el caso de que sea un tema muy complicado (la mayoría de las veces no lo es)— por «no es un asunto que sea fácil de explicar. A ver si soy capaz de contarlo bien» o «voy a intentar ayudarme con un ejemplo muy gráfico...» o «me gustaría explicarlo bien, es un asunto importante».

13. **Con lo inteligente que tú eres:** en una sola frase se trata de desarmar a la persona con la que se está conversando, expresando de una forma burda su decepción por no estar de acuerdo, acudiendo a una supuesta valoración previa que ahora se ve defraudada.

—No estoy de acuerdo con lo que dices —le dice Raquel a Gerardo, su novio, con el que conversa sobre un tema relacionado con el cambio climático.

—No sé cómo no lo ves. Con lo inteligente que tú eres —le dice en un tono que invita a finalizar la conversación.

—Qué gracioso eres. Como soy tan inteligente tengo que estar de acuerdo contigo. Conversación acabada —ironiza Raquel con cierto desencanto.

14. **Tampoco hace falta ser muy inteligente:** una frase desagradable e innecesaria que solo demuestra poca educación y falta de interés por mantener una buena conversación.

—He conseguido que Juan haga los deberes sin protestar.

—¿Y qué has hecho?

—Le he prometido que le llevaríamos este fin de semana al parque de atracciones.

—Pues tampoco hace falta ser muy inteligente para saber que haría lo que le pidieras.

Es una frase borde, exenta de la empatía y el cariño que requiere mantener conversaciones productivas. Aunque estemos en desacuerdo o nos parezca que el descubrimiento de la persona no merece ningún tipo de celebración (en este caso, el incentivo para que Juan haga los deberes), podemos cambiarlo por algo que permita continuar conversando:

—He conseguido que Juan haga los deberes sin protestar.

—¿Y qué has hecho?

—Le he prometido que le llevaríamos este fin de semana al parque de atracciones.

—Quizás sea un incentivo desproporcionado, ¿no te parece? Quizás fuera bueno que nos pusiéramos de acuerdo en cómo resolver su falta de interés por los estudios.

Si la conversación continuara bien, es de esperar que ahora hubiera una puesta en común para llegar a un acuerdo sobre la educación de Juan.

15. **Ya, ya, ya (lo sabía):** un buen intercambio de ideas necesita de la sinceridad como instrumento generador de confianza. Se utiliza el «ya, ya, ya…» como un mecanismo de defensa para ocultar nuestra ignorancia y demostrar que estamos al tanto de lo que dice la otra persona, aunque seamos ignorantes del tema que está hablando. Es posible que se den cuenta de que no tenemos ni idea y se siga hablando, pero habiendo generado una desconfianza innecesaria que hubiera desaparecido con una sencilla pregunta: «Disculpa, pero no estoy entendiendo, ¿me lo puedes explicar?». Los buenos conversadores considerarán la pregunta como una señal de interés por lo que se está diciendo y no de ignorancia. Si se nos acusa de ignorancia, podemos optar por ser asertivos e irónicos: «Lamento que consideres que soy un ignorante. Descuida, procuraré no volver a hacerte preguntas que te parezcan tan inoportunas».
16. **Sé cómo te sientes:** es muy probable que la voluntad con la que se pronuncia esta frase sea muy buena. El objetivo de «sé cómo te sientes» es demostrar empatía. El ex

arzobispo de Canterbury Rowan Williams es citado por Sherry Turkle en su libro *En defensa de la conversación*: «La relación empática no empieza con un «sé cómo te sientes», sino cuando tomas conciencia de que no sabes cómo se siente la otra persona. Es entonces cuando podemos realizar una propuesta de conversación: «Por favor, dime cómo te sientes». Williams dice que la empatía es una oferta de compañía y compromiso.

17. **X me quiere mucho:** es curioso observar cómo se ha extendido esta frase que solo permite que el interlocutor que la escucha asienta, puesto que no parece apropiado replicarla. No nos imaginamos a alguien replicando de esta manera:

—Claro que conozco a Juan, es una persona que me quiere mucho

—No creo que Juan te quiera tanto.

Dado que nos vemos forzados a asentir ante tanto ego, el asentimiento puede ser irónico («no me extraña que todo el mundo te quiera») o a través de un silencio que sonroja por lo infantil y ególatra de la frase. Quien afirma que otra persona le quiere mucho deja patente que él o ella misma es una persona admirable y que «merece ese amor». Se recomienda que esta auto admiración sea sustituida por la admiración o amor a otras personas: «admiro o quiero mucho a X», o «quiero mucho a Juan, creo que el también siente aprecio por mí».

18. **No me interpretes mal:** una persona lanza una frase que hiere a la otra y en su defensa aparece esta locución. O incluso, antes de que la herida se produzca, advierte que la responsabilidad cae en el receptor del mensaje que «pudiera haberlo interpretado mal». En el caso de que la persona haya interpretado algo que no queríamos decir, deberemos intentar explicarlo de otra manera o revelar con claridad las intenciones de lo que habíamos expresado previa disculpa: «disculpa, quizás me expresara mal. Lo que quería decir era…».

19. **La gente:** estas dos palabras son utilizadas en diferentes contextos de forma general e imprecisa:

—Para dar a entender que uno conoce muy bien a la sociedad y que el argumento que se expone está respaldado por una mayoría social. La variante utilizada por los políticos es nombrar el pueblo en su conjunto: «Los españoles piensan que...», «los peruanos nos están diciendo que...».

—Para expresar, normalmente, un desencanto con la humanidad. En ese caso «la gente» precede a una valoración con una afirmación o pregunta: «Hay que ver cómo es la gente de inculta, sucia, impuntual» o «¿has visto cómo es la gente?».

—He observado la variante «la gente no sabe que...». El emisor da a entender que el común de los mortales está en un error sobre algo en lo que él o ella sí que están en lo cierto.

20. **Es lo que dicen todas las estadísticas/El 95 % de las mujeres:** esta expresión se dice para ganar una conversación a través de un supuesto dato contundente sobre el que no quepa réplica. Se dice el 95 % por decir algo, no hay rigor alguno. A alguien se le ocurre espetar:

—Te has pasado, un 95 %, eso no es posible.

—Bueno, quien dice un 95 % dice un 85 %. Lo importante es que es la gran mayoría, te lo digo yo.

21. **En toda mi vida/No conozco a nadie que:** esta frase prohibida lo es por exagerada y porque pretende demostrarnos que la vida de quien la dice es aplicable a todos los demás:

—En toda mi vida no he conocido a nadie que no le gusten las mollejas.

—Pues a mí no me gustan y soy alguien.

—Pues eres raro, ya te digo, en toda mi vida, te lo digo de verdad.

22. **Sin ánimo de ofender:** esta frase precede a otra que probablemente vaya a conseguir lo que se dice que no se tiene ánimo de hacer: ofender. Si uno no quiere ofender, parece razonablemente sencillo no hacerlo. La advertencia de que se va a decir algo que no tiene el ánimo de ofender, pero puede ser que nos ofenda, es una cautela que sería innecesaria si ponemos todo nuestro empeño en no realizar la ofensa.
23. **Lo que deberías hacer es:** con esta frase el emisor se coloca en un plan de superioridad indicando a la persona con la que está hablando cuál es el plan correcto que debería llevarse a efecto. Dependiendo del contexto puede considerarse una forma de sobreprotección indicando a la otra persona lo que debe hacer o una expresión arrogante en la que el emisor del mensaje le viene a decir a su interlocutor que no tiene idea y que si quiere acertar con sus acciones debe seguir el plan «que debería hacer».
24. **Lo que debería haber sido, haber hecho; deberías haber:** estas frases son utilizadas tanto para tiranizarnos a nosotros como para hacerlo con los demás. Cuando nos hablamos interiormente comparando lo que es con lo que «debería haber sido», nos colocamos en una situación de inferioridad y continuo fracaso que no es conveniente. Lo mismo ocurre cuando le decimos a nuestro interlocutor que las expectativas que teníamos eran superiores a lo conseguido: «Deberías haber conseguido ese puesto de trabajo, pero no lograste convencerles». «Deberías haber aprobado los exámenes en junio».

    La tiranía de los deberías es explicada por la psicóloga Laura Rojas Marcos, que comparte que el concepto fue creado por Karen Horney, una psicóloga norteamericana.
25. **Vas a ver cómo lo vas a entender/¿De verdad que no lo entiendes?:** es otra expresión en la que se muestra una superioridad intelectual, moral. Muchas veces es dicha por quien tiene un rango jerárquico superior (en la

familia, el trabajo) que le confiere, supuestamente, ese grado de sabiduría inalcanzable para el receptor del mensaje.

26. **Siento si alguien se ha molestado:** en lugar de utilizar una disculpa directa, la persona que dice esta frase consciente de que ha molestado a alguna persona o colectivo prefiere pedir perdón de forma selectiva: solo a aquellos que hubieran podido molestarse. De esta manera, la responsabilidad no está en quien ofende, sino en el ofendido que parece como si hubiera elegido voluntariamente molestarse. Esta frase tiene una variante que resulta patética: siento si alguien se ha molestado más de la cuenta. De forma descarada, quien dice este mensaje juzga que quienes se molestan lo hacen más de la cuenta y, a pesar de ello, se disculpa gracias a su enorme generosidad (aclaración: es ironía).
27. **Esa es tu opinión:** se utiliza esta alocución para anticipar que uno no está de acuerdo con lo expresado. Resulta tan obvio que quien manifiesta una opinión es propietario de la misma («sí es mi opinión», podría contestarse) que produce contrariedad que alguien lo recuerde. Cabe la interpretación de que «si me recuerdas que lo que digo es mi opinión, tú también tendrás la tuya. ¿Qué te parece si la expresas y así las contraponemos, en vez de decirme algo tan palmario?». Parece casi inevitable sospechar que existe cierta acritud en quien se manifiesta diciendo a otra persona: «esa es tu opinión». De hecho, he observado que esta frase prohibida se acompaña, con frecuencia, por un lenguaje no verbal no exento de agresividad como un dedo que apunta al interlocutor o un tono desabrido que dificulta el placer de la buena conversación.
28. **Háztelo mirar/Tienes un problema:** quien así se manifiesta deja entrever que la persona con la que está conversando tiene dificultades para razonar.

—Creo que voy a dejar el trabajo, no aguanto los malos modos de mi jefe.

—Debes aguantar, la gente no va dejando los trabajos porque le traten mal, eso forma parte del juego.

—Para mí eso es innegociable, prefiero empezar de cero y mantener mi dignidad a flote.

—Esa sensiblería no funciona hoy en día, háztelo mirar.

—¿Y por qué no te haces mirar tus valores?

El «háztelo mirar» o «tienes un problema» puede crear un ambiente tan desagradable que el enfrentamiento verbal es muy factible que se produzca.

Frecuentemente utilizadas en el ámbito laboral

> La mejor forma de motivar a un empleado es no desmotivarle (José Manuel Casado).

La utilización de un lenguaje alejado del cariño y respeto, e incluso hiriente, hace que el ambiente en una empresa se enrarezca y las personas se sientan mal. Son los jefes o personas que ostentan el poder en una organización los que más frecuentemente utilizan frases prohibidas de forma repetida e inadecuada. Por lo general, sus subordinados no tienen la confianza ni el valor para hacerles saber que su lenguaje es inapropiado y desalentador. Por lo general, los subordinados tampoco utilizan frases inapropiadas con sus jefes porque creen que la sumisión y obediencia serán recompensadas adecuadamente, y en muchas ocasiones, aciertan.

29. **Es política de empresa:** se utiliza para argumentar de forma tajante algo que no tiene sentido, pero que se debe aceptar por el mero hecho de ser algo aceptado en ese entorno. El que así argumenta, se refugia en esa voz superior que supone la política de empresa. El argumento se convierte en irrefutable y solo cabe que el subordinado asuma la política de la empresa o discuta lo que el jefe le está adelantando que es indiscutible.
30. **Si a estas alturas tenemos dudas, mal vamos:** el jefe se muestra como quien todo lo sabe y no soporta la

ignorancia del subordinado. No asume ninguna responsabilidad sobre el desconocimiento de la persona a la que está regañando por no haber aprendido suficientemente rápido. Se propone sustituir esa alocución por una pregunta.

—No tengo ni idea de cómo se hace una orden de compra.
—Si a estas alturas tenemos dudas sobre cómo hacer eso, mal vamos.

Sustituir por:

—No tengo ni idea de cómo se hace una orden de compra.
—Es algo que se supone que deberías conocer ya. ¿No lo has visto con nadie del equipo? ¿Tienes dudas sobre cómo hacerlo? ¿Quieres que lo practiquemos por primera vez?

31. **Si no lo sabías, te lo digo ahora:** es una variante displicente y chula de la anterior en la que se pone de manifiesto la diferencia entre ser jefe y subordinado. No importa que no se sepa porque nadie se lo ha explicado, porque no se ha producido un cambio en el acuerdo entre las partes; el jefe pone sobre la mesa que «las cosas son así y no se discuten».
32. **La empresa:** esperaba más de ti, no quiere personas que no estén comprometidas, necesita de tu generosidad. Bajo la palabra «empresa» el jefe encuentra una garantía de que no es él o ella, sino el conjunto de la organización la que habla a un indefenso empleado. El jefe se refugia cobardemente en esa entelequia que supone una organización con la que no se puede hablar, que resulta imposible de asir.
33. **Esto es discutible pero no negociable:** esta frase presenta una contradicción patente y expresa el poder de una persona sobre la otra. Viene a decir «podemos hablar lo que quieras, pero la decisión ya está tomada. Lo que hablemos no va a cambiar nada porque la verdad —lo que se va a hacer— la ostento yo».

34. **No te quejarás:** «te he dedicado una hora» dicho por un jefe a su subordinado por haberle dedicado tiempo. Es otra expresión de «jefes» que nunca podría ser utilizada de forma recíproca por el subordinado. El jefe quiere expresar así que su tiempo es muy importante, sin duda más importante que el de la persona al que le dice esta frase. Se trata, por tanto, de poner de manifiesto su mayor valía, la pertenencia a otra casta. A los jefes, se les sugiere no utilizarla y a quien la «sufra» contestar: «ja, ja, ja —para quitarle hierro—, no nos quejaremos ninguno de los dos, yo también he estado aquí una hora contigo. Te agradezco mucho tu tiempo».
35. **Te concedo:** lo que me pides, que hagas lo que planteas… Un ejemplo más de cómo expresar que uno pertenece a una casta diferente a la de su «empleado».
36. **Esto no es una ONG:** el jefe hace saber a través de esta frase tan desafortunada que la empresa tiene ánimo de lucro y que no están para los buenismos de una ONG. Es preferible sustituirla por «recuerda que tenemos un presupuesto que cumplir», «eso no es viable económicamente», evitando contraponer ONG y empresa. Ambas tienen un sentido, ambas deben cuidar en qué invierten o gastan y pensar cómo generan ingresos.
37. **Yo reconozco:** que soy muy trabajador, que estoy muy comprometido, que soy un perfeccionista, que soy muy puntual… Esta frase común entre candidatos a un puesto de trabajo a la respuesta a cómo te definirías o cuál es tu principal defecto. La contestación tiene un punto ridículo. Uno espera que después de un «reconozco que» aparezca una confesión del tipo «me gusta lo ajeno» o «bebo más de la cuenta», pero no una auto adulación.
38. **Estoy muy liado:** esta frase se ha extendido como una pandemia y se ha instalado en nuestras conversaciones como un mal endémico del que cual nos va a resultar difícil desprendernos.
39. **Ya me vais conociendo:** hay jefes que llegan a una nueva empresa y pretenden que las personas de su equipo hagan de psicólogos descifrando qué es lo que le gusta

y qué no a su nuevo líder. «Ya me iréis conociendo» avisa en los primeros encuentros. Un día, sin saber muy bien por qué, el tiempo verbal cambia: «Ya me vais conociendo y sabéis que…». Me resulta muy embarazoso tener que presenciar a un jefe dirigiéndose a su equipo así. Da ganas de decirle, ¿y tú?, ¿les vas conociendo?

40. **No le debo nada a nadie/Me lo he ganado todo a pulso:** El éxito del jefe ha sido conseguido gracias al trabajo propio, ninguna intervención externa. Una frase arrogante para demostrar su superioridad.

Frecuentemente utilizadas en el ámbito educativo (en la familia, con nuestros hijos). Algunas de estas frases también las utilizamos con nuestros cónyuges.

41. **En nuestra época:** esta frase está bien si no constituye un mantra repetido para comparar lo que hoy acontece con lo que sucedía hace años.
42. **A tu edad, yo:** es una variante de la anterior, pero *ad hominem.* Si la comparación es de desaprobación —«a tu edad yo ya tenía piso y tú sigues en casa»—, provocará una reacción negativa y el entorpecimiento de la relación.
43. **No tengo ganas de hablar con críos:** al igual que los jefes, las madres y padres utilizan, a veces, el lenguaje para hacer entender que se encuentran en otro plano. Despreciar a nuestros hijos no es una buena idea.
44. **Lo que deberías hacer:** uno de los fenómenos más comunes en la educación es la sobreprotección. Se violenta al hijo, limitando su autonomía. En vez de utilizar «lo que deberías hacer», que viniendo de una madres o padre es casi un orden, será mejor invitar a la reflexión con la pregunta «¿qué vas a hacer?» o «ya que me preguntas mi opinión, te puedo decir lo que yo haría, pero la decisión es tuya».
45. **Tú tienes que entender:** cuando se produce un desencuentro podemos optar por explicar nuestras razones y confrontarlas con nuestros hijos o hacerles ver que «la

vida es así, la tienes que entender». Se trata de un argumento pobre y que no ayuda al progreso intelectual.

46. **¿De verdad que no lo sabías?:** cada vez que escucho esta frase en boca de una madre o un padre hablando con sus hijos, espero que estos se revuelvan diciendo «¿y tú sabes quién es...?» (alguien moderno que todos los jóvenes conocen). Hay padres que pretenden que sus hijos sepan lo mismo que ellos, pero ellos no tienen que saber lo mismo que sus hijos.
47. **Deja de llorar por esa tontería:** cualquier invalidación de las emociones es un menosprecio a la persona que tenemos enfrente. Esta frase es muy común en los padres de niños pequeños, pero otras invalidaciones son utilizadas con adolescentes y también con nuestros cónyuges.
48. **Eres un perezoso, eres desordenado, eres derrochador, eres una insegura:** frases que se repiten constantemente que solo consiguen convencer a nuestros hijos de que son eso. Es una torpeza comunicativa muy común en los padres. Los niños o jóvenes almacenan en su cerebro y de forma involuntaria esa repetición. El cerebro considera que si un adulto de referencia repite muchas veces «eres un desordenado» es que, efectivamente, lo soy y no tengo remedio. Es preferible utilizar, «tu cuarto está desordenado» o «ya sabes que el orden es importante en la casa, te pido que ordenes tu cuarto». Si damos por supuesto que una persona «es», damos por entendido que es una situación que será difícil modificar. Evitemos hacer pensar a nuestros hijos que «son así» casi irremediablemente.
49. **Eso se hace así, de toda la vida/No lo ha hecho nadie:** no desmotivar es lo principal para motivar. Si nuestro hijo quiere probar, podemos darle información para que la valore, pero no ponerle cortapisas a su emprendimiento. Es posible que se equivoque o también es posible que los equivocados seamos nosotros, los que hemos hecho algo siempre igual o no nos hemos atrevido a probar.

50. **Está forrado:** la educación es un desafío constante. En función de a lo que le demos valor, transmitimos una idea del mundo y de la vida a nuestros hijos. Si decimos más veces «está forrado», «vaya cochazo que tiene», «dicen que no ha pagado a Hacienda, pero mira que bien vive», expresamos que hay que conferir valor a las cosas materiales. Escribió Nietzsche: «La existencia humana representa un desafío moral permanente, un desafío por definir aquello a lo que se confiere o no se le confiere valor y, en consecuencia, aquello que sea o no capaz de conferirle sentido a la vida». Pues eso.

Confío que estas cincuenta frases prohibidas crezcan con tus aportaciones que agradeceré mucho que me envíes a farache.leo@gmail.com.

BIBLIOGRAFÍA Y VIDEOGRAFÍA

Álvarez de Mon, Santiago. *Las conversaciones que NO tenemos.* Plataforma Editorial.
Amón, Rubén. *Tenemos que hablar.* Espasa.
Brown, Brené. *The Power of Vulnerability.* TED https://www.ted.com/talks/brene_brown_the_power_of_vulnerability?
Castellanos, Nazareth. *Neurociencia del cuerpo.* Kairós.
Covey, Stephen. *Los siete hábitos de la gente altamente efectiva.*
De Miguel, Amaya. *Relájate y educa.* Plataforma editorial.
Echeverría, Rafael. *Ontología del lenguaje.* Newfield Consulting.
Emerson, Ralph Waldo. *Ensayos.* Cátedra.
Farache, Leo. *Los diez pecados capitales del jefe.* Almuzara.
Fraenkl, Carlos. *Teaching Plato in Palestine.*
Fromm, Eric. *El corazón del hombre.* Fondo de Cultura Económica de España.
Gandini, Erik. *La teoría sueca del amor.* 2015.
Gladwell, Malcolm. *Inteligencia intuitiva.* Taurus.
— *Talking to strangers.* Little Brown.
Haidt, Jonathan. *The righteous mind.* Penguin Books.
— *Generación ansiosa.* Deusto.
Han, Byung-Chul. *La expulsión de lo distinto.* Herder.
Hari, Johann. *El valor de la atención.* Península.
Harari, Yuval Noah & Jon Kabat-Zinn. *In Conversation.* https://www.youtube.com/watch?v=7r5lw3jPrUk&t
Harvard Business Review. *¿Cómo tratar con gente difícil?* Editorial Reverté.
Headlee, Celeste. *We need to talk.* Piatkus.
Hyde, Sophie. *Buena Suerte, Leo Grande.* 2022.
Jodorowsky, Alejandro. *Psicomagia.* Siruela.
Kahneman, Daniel. *Pensar rápido, pensar despacio.* Debolsillo.
Kross, Ethan. *Chatter.* Crown.
Landero, Luis. *El balcón en invierno.* Tusquets.

Lledó, Emilio. *Fidelidad a Grecia.* Taurus.
Lorenzo, Santiago. *Los asquerosos.* Blackie Books.
Marías, Javier. *Tomás Nevinson.* Alfaguara.
Marina, José Antonio. Conferencia APFRATO. Granada. 2022.
Montolío, Estrella. *Cosas que pasan cuando conversamos.* Ariel.
Pascal, Blaise. *Sobre la futilidad de la vida. Los secretos de Diotima.*
Pascual, Leone; Fernández-Ibáñez, Álvaro; Bartrés-Faz, David. *El cerebro que cura.* Plataforma editorial.
Pepin, Charles. *Encontrarse.* Siruela.
Pörksen, Bernhard; Schulz von Thun, Friedemann. *La comunicación como arte de vivir.* Herder.
Rojas Marcos, Luis. *Somos lo que hablamos.* Grijalbo.
Rolón, Gabriel. *La felicidad.* Paidós.
Rosa, Hartmut. *Resonancia. Una sociología de la relación con el mundo.* Katz editores.
Rosenberg, Marshall B. *Comunicación no violenta.* Aldea editores.
Ruiz, José Carlos. *El arte de pensar.* Berenice.
Ruiz, Miguel Dr. *Los cuatro acuerdos.*
Saavedra, Diego, entrevistado por Jordi Wild. https://www.youtube.com/watch?v=SHGAfv-aDpw&t=
Sacandell, Enrique. *¿Cómo se lo digo? El arte de las conversaciones difíciles.* Libros de cabecera.
Sadhguru. *Ingeniería interior: Guía yogui para alcanzar la alegría y el gozo.* Gaia ediciones.
Savater, Fernando. *Todo mi Cioran.* Ariel.
Schopenhauer, Arthur. *El arte de tener razón.* Alianza editorial.
Schulz von Thun, Friedemann. *El arte de conversar.* Herder
Salinas, Jorge. *La chica de los ojos del color de mi piscina.* Planeta
Sigman, Mariano. *El poder de las palabras.* Debate.
— *La vida secreta de la mente.* Debate.
Thoureau, Henry David. *Walden.* Letras Universales.
Turkle, Sherry. *En defensa de la conversación.*
Vallejo, Irene. *El infinito en un junco.* Siruela.
Weil, Simone. *El poder de las palabras.* Carpenoctem.
Wickre, Karen. *Taking the work out of networking.* Gallery Books.
Zeldin, Theodore. *Conversation.* Hidden Spring.

Este libro, por encomienda de la editorial Almuzara, se terminó de imprimir el 16 de junio de 2025. Tal día, de 2011, Italia reabre la Torre de Pisa después de diez años de trabajo para su consolidación.